Christa Holtei

Olimpiyatta Skandal
İPUÇLARI PEŞİNDE ŞİFRELİ ANTİK ROMA POLİSİYESİ

OLİMPİYATTA SKANDAL
İPUÇLARI PEŞİNDE ŞİFRELİ ANTİK ROMA POLİSİYESİ
CHRISTA HOLTEI

ÖZGÜN ADI
SKANDAL IN OLYMPIA

Originalausgabe
In neuer Rechtschreibung
2. Auflage September 2009
@2008 Deutscher Taschenbuch Verlag GmbH & Co. KG, Munich/Germany

Türkiye'de Yayın Hakları © Türkiye İş Bankası Kültür Yayınları, 2013
Sertifika No: 29619

ÇEVİREN
RECEP ÖZBAY

EDİTÖR
ELİF DİNÇER

1. BASIM: KASIM 2017
Genel Yayın Numarası: 4019

ISBN 978-605-295-269-6

Bu kitabın tüm yayın hakları saklıdır.
Tanıtım amacıyla, kaynak göstermek şartıyla yapılacak kısa alıntılar dışında gerek metin, gerek görsel malzeme yayınevinden izin alınmadan hiçbir yolla çoğaltılamaz, yayınlanamaz ve dağıtılamaz.

BASKI
UMUT KAĞITÇILIK SAN. VE TİC. LTD. ŞTİ.
KERESTECİLER SİTESİ FATİH CAD. YÜKSEK SOK. NO:11/1
MERTER/GÜNGÖREN İSTANBUL
(0212) 637 04 11
Sertifika No: 22826

TÜRKİYE İŞ BANKASI KÜLTÜR YAYINLARI
İSTİKLAL CADDESİ, MEŞELİK SOKAK NO: 2/4 BEYOĞLU 34433 İSTANBUL
Tel. (0212) 252 39 91
Faks. (0212) 252 39 95
www.iskultur.com.tr

Christa Holtei

Olimpiyatta Skandal
İPUÇLARI PEŞİNDE ŞİFRELİ
ANTİK ROMA POLİSİYESİ

Volker Fredrich'in çizimleriyle

İçindekiler

Olayın Kahramanları 5

1	Babalar Tartışıyor	7
2	Olimpiya'nın Kutsal Alanında	20
3	Uğursuzluk Yaklaşıyor	32
4	Kapros Kayboldu	45
5	Olimpiya'nın Kehanet Merkezi	58
6	Hamamdaki Ajan	69
7	Zeus İçin Ziyafet	82
8	Korkunç Bir Skandal!	94
9	Nike'nin Fikri	110
10	Bunlar Da Olimpiya'da Oluyor!	125

Çözümler 141
Antik Olimpiyat Oyunları 145

Olayın Kahramanları

HIPPIAS (10): *Troilos'un en küçük oğlu*   PASION (11): *Eupolis'in oğlu*   NIKE (10): *Eupolis'in kızı*   LEON (12): *Timon'un oğlu*

ELİSLİ TROILOS: *Eski pentatlon yarışmacısı ve çalıştırıcısı*
ANTIGONE: *Troilos'un karısı*
KAPROS (19): *Hippias'ın ağabeyi, Troilos'un en büyük oğlu; pentatlon yarışmacısı ve güreşçi*
ARGOS: *Hippias'ın köpeği*

ELİSLİ EUPOLIS: Olimpiya'daki başhakem
RHEA: Eupolis'in karısı

ATİNALI TIMON: Eupolis'in erkek kardeşi, koşu çalıştırıcısı
ATİNALI KALLIPPOS: Pentatlon çalıştırıcısı
KYLON (22): Kallippos'un oğlu, pentatlon yarışmacısı

EPİDAUROSLU ASKLEPIOS: Pentatlon yarışmacısı ve güreşçi
SOSIAS: Asklepios'un kölesi
SİKYONLU TIMANTHES: Pentatlon yarışmacısı

DIOKLES: Olimpiya'da doktor
TEISAMENOS: Olimpiya'daki Zeus Sunağı'nın medyumu
ELİSLİ MILON: Olimpiya'da anahtar bekçisi

ATİNALI XENOPHON: Politikacı ve tarih yazarı; Eupolis ve Timon ailesinin dostu

Öykü, yaklaşık M.Ö. 350 yıllarında Elis ve Olimpiya kentlerinde geçmektedir.

Babalar tartışıyor

"Sen ne yapmaya çalışıyorsun? Buna asla izin vermem! Kapros, seninle bir anlaşma yaptık ve sen de buna uyacaksın!"

Troilos öfkeden kızaran yüzüyle en büyük oğlunun karşısında duruyordu. Kapros'un küçük erkek kardeşi Hippias, açık avlu kapısının önünde kulaklarını kapatıyordu. Son zamanlarda ikisinin kaçıncı defa bu kadar yüksek sesle tartıştıklarını hatırlamıyordu. Ve artık bunları duymak istemiyordu.

Kapros, "Ama ben anlaşmaya uyuyorum ya!" diye karşı çıktı. "Deli gibi antrenman yapıyorum! Benden daha ne istiyorsun?"

"Bu yeterli değil! Hem pentatlon, hem de güreş için kaydın yapıldı. Olimpiya'da kazanmanı istiyorum. Şu Kallippos'un da dersini alması lazım. Sürekli aklın başka bir yerde olduğu sürece, başarılı olamayacağını sana kaç defa daha söylemeliyim. Çünkü yaptığımız anlaşmaya uymuyorsun! Aslında basit bir anlaşmamız var. Sıra önce Olimpiya ve senin şampiyonluğunda, sonra da çok saygı gösterdiğin Xenophon ile hatiplik ve politika öğreniminde! Tartışma bitmiştir!"

Troilos öfkeyle oğluna bakıyordu. Kendisi pentatlon çalıştırıcısıydı. İyi bir çalıştırıcıydı, çünkü kendisi de eskiden pentatloncuydu. On aydır Kapros'u çalıştırıyordu. Oğlunun Olimpiya'daki kutsal oyunlarda kazanması için disk atma, uzun atlama, cirit atma, koşu ve güreş, üstesinden gelmesi gereken beş farklı yarıştı. Troilos, ikisinin de yapabileceklerinin en iyisini yapmaya çalıştıklarını biliyordu. Ama buna rağmen Kapros'u yeterince iyi bulmuyordu. Onun hiçbir zaman yeterince hızlı, güçlü ve becerikli olduğunu düşünmüyordu.

"Bağırman artık sinirime dokunuyor. Antrenmana gidiyorum." Kapros, bohçasını alıp kardeşi Hippias'ın oturduğu iki basamaktan aşağıya indi.

"Dur, dur, dur! Böyle olmaz! Bensiz olmaz!" Troilos da Hippias'ın yanından hızla geçti ve büyük oğluna yetişti.

Hippias arkalarından baktı. Bu kadar üzgün olmasaydı, bu duruma gülecekti. İkisi de birbirine ne kadar benzediklerinin farkında değillerdi. İkisi de Elis'teki pentatlon stadına giden sokakta yan yana öfkeyle giderken aynı vücut hareketlerini yapıyorlardı. Oğlu uzun boylu ve iri vücutlu bir genç, babası ise biraz daha kısa ve hafif göbekli bir adamdı.

Hippias iç çekti. Ağabeyine hayrandı. Kapros cesur ve güçlüydü. Hippias haklı da olsa, onun yaptığı gibi babasına karşı çıkamazdı. Bunu yapmaktan korkardı. Troilos'un öfkeyle söylediklerinden korkuyordu. Onu her duyduğunda boğazı düğümleniyor ve hemen oradan uzaklaşmak istiyordu. Buna korkaklık denirdi. Ama buna karşın içten içe cesur olduğunu biliyordu, hatta çok cesur. Ama bunu babasına gösteremiyordu.

Tartışan babası ve ağabeyini gözden kaybolduklarında, "Argos!" diye fısıldadı.

Büyük köpek ağır ağır başını kaldırdı ve anlamsızca Hippias'a baktı. Bu sıcakta ayağa kalkmalı mıydı? Yine de yavaşça yerinden kalktı, gerindi ve üzerindeki tozu silkeledi. Rahat adımlarla Hippias'a yaklaştı ve burnuyla ona dokundu.

Hippias, "Sen benim en iyi arkadaşımsın!" diye fısıldadı kulağına ve dağınık tüylerini okşadı. Argos, kulaklarının arkasını da okşasın diye keyifle başını eğdi. Çünkü en çok bundan hoşlanıyordu. Sonra da mutlu biçimde iç çekerek yere uzandı.

Hippias yerden küçük bir taş aldı ve kuma 'Nike' diye yazdı. Son zamanlarda bu sözcüğü ne kadar da çok duymuştu. Nike. Zafer anlamına geliyordu. Nike aynı zamanda da Zafer Tanrıçası'nın adıydı. Babası on aydır sürekli, yardım etmesi için ona dua ediyordu.

Hem Olimpiya, hem de Kallippos nedeniyle.

Hippias tekrar iç çekti. Son bir ayda her şey daha da kötüleşmişti. Kutsal oyunlara katılacak bütün çalıştırıcı ve atletler birlikte hazırlanmak için buraya, Elis'e gelmek zorundaydılar. Kurallar böyleydi. Atinalı pentatlon çalıştırıcısı Kallippos ve oğlu Kylon da buraya gelmişlerdi. O günden sonra Troilos daha da çekilmez olmuştu.

Hippias hızlı adımlarla yürürken birden aklına gelenlerden ürktü, bunun üzerine Argos da korkarak başını kaldırdı. Bir an sonra da Hippias'ın arkadaşları Pasion ve Nike, onun karşısında duruyorlardı. Hızlıca kumdaki sözcüğü ayağıyla sildi. Belki Nike bunu Hippias'ın kendisi için yazdığını düşünebilirdi. Ama bu doğru değildi.

Pasion nefes nefese, "Hemen gel! Baban stadyumun önünde çileden çıktı," diye bağırdı.

Kız kardeşi telaşla, "Evet. O ve Kallippos birbirlerine bağırıp duruyorlar," dedi.

Hippias üzüntüyle onlara baktı.

"Ben bunu engellemek için ne yapabilirim ki?"

Kendini bildi bileli Pasion ve Nike onun arkadaşlarıydı. Pasion 11 yaşındaydı, Nike ve Haippias'tan bir yaş daha büyüktü ve önümüzdeki yıldan itibaren gençler kategorisinde spor yarışmalarına katılabileceği için de seviniyordu. Nike, Hippias'ı pek göremiyordu çünkü bütün kızlar gibi o da evde annesine yardım etmek zorundaydı ve yalnız başına evden çıkmasına izin verilmiyordu. Ama kutsal oyunların öncesinde, Elis insanlarla dolup taşarken kimse Nike'yi evde tutamazdı. Pasion ona göz kulak oluyor, annesi de buna göz yumuyordu.

Pasion, "Hadi gel artık!" diye üsteledi. "Gerçekten durum kötü görünüyor! Sanki birbirlerinin kafalarını koparacaklar gibi! Argos, kes şunu!" dedi ve eğilerek sandaletlerini kemiren Argos'un kulaklarını çekti.

Hippias yüzünü ekşiterek, "Beni nasılsa dinlemezler!" dedi.

Ama Nike onu kolundan tuttu. "Babam, eğer böyle devam ederse, Kapros'u oyunlardan atacakmış."

Hippias bunu duyunca kendine geldi. Olanlar olmuştu, ama böyle bir şey asla olmamalıydı. O zaman Troilos'un kızgınlıkları ve Kapros'un çabaları boşa çıkardı.

Pasion ve Nike'nin babası Eupolis'in, yarışmacıları oyunlardan men etme yetkisi vardı. Oyunlar için seçilen on hakem arasında en üstte o yer alıyordu. Hepsi Elisliydi çünkü kutsal kent Olimpiya'daki oyunları bu kent düzenliyordu. Bir ay boyunca hakemler sadece at ve tayların hipodromdaki at yarışları için onay vermiyordu, ayrıca tüm atletler ve çalıştırıcılar da hakemlerin gözetimi altında dostça hazırlanmak zorundaydı. Sporculardan biri formda değil ise veya Olimpiyat barışını bozuyorsa, yarışmalardan men ediliyordu. Troilos'un son zamanlardaki öfkesine bakılırsa, hakemlerin ona karşı sessiz kalmaları hayret vericiydi. Bunu herhalde Kapros için yapıyorlardı, çünkü o Troilos ile Kallippos arasındaki kavgaya hiç karışmıyordu.

Hippias birden ayağa kalktı ve yola koyuldu. Argos, hiç oralı olmadı ve yerde yatmaya devam etti. Ama Pasion ve Nike onun arkasından gittiler. Caddeyi yukarı doğru yürüdüler ve insanlarla dolu Elis'in agorası ve pazar yerinden geçip, oradan da pentatlon sporcularının antrenman yaptığı dört köşeli, kare antrenman sahasının bulunduğu Gymnasion'a ulaştılar.

Tartışma bitmiş gibiydi. Gymnasion önünde bekleşen insanların bazıları gülüyor bazıları da başlarını öfkeyle sallıyordu, bu arada da eli sopalı görevliler kalabalığı dağıtmaya çalışıyorlardı. Eupolis, hakemlerin giydiği uzun, leylak rengindeki kıyafetiyle Troilos ile Kallippos'un arasında duruyor ve onları sakinleştirmeye çalışıyordu. Hippias, babasının öfkeden kızardığını ve Kallippos'un da onun bu durumuyla alay edercesine baktığını gördü.

Nike aniden Hippias'ı dirseğiyle dürttü ve Gymnasion'un girişine işaret etti. Kapros oradan geliyordu. Kararlı bir yüz ifadesiyle sessizce herkesin yanından geçerek havuzlara doğru ilerledi. Kylon da arkasındaydı ve ona doğru alaycı biçimde, "Korkak!" diye bağırıyordu.

Kallippos, oğlunun bağırmasına gülümseyerek cevap verdi. Troilos ise kendine zar zor hâkim olabiliyordu.

Seyirciler tekrar onlara doğru yaklaştılar. Kapros nasıl tepki verecekti? Ama Kapros bu tür iğnelemelere karşılık vermeyecek kadar zekiydi. Hiç aldırış etmeden ve dik durarak yoluna devam etti.

Hippias, kardeşinin ne düşündüğünü biliyordu. Bu çok konuşan herife kendince ondan daha iyi olduğunu ve onu oyunlarda yeneceğini göstermek istiyordu. Ondan sonra da onu asıl ilgilendiren şeyle uğraşmasına izin çıkacaktı: politikayla!

Troilos, oğlunun ardından baktı ve Kallippos'a dikkat etmeden sessizce onu takip etti.

Nike, "Bu ne demek şimdi?" diye sordu. Her şeyi o da ağabeyi ve Hippias gibi heyecanla izlemişti. "Bu ikisi niye sürekli tartışıyor ki? Buna anlam veremiyorum!"

Pasion, "Babam da çok şaşırdı," dedi. "Kapros'un daha çok rakibi var, hepsi yarıştan önce kendini göstermeye ve rakiplerini korkutmaya çalışıyorlar. Ama senin baban Kallippos ve Kylon'a asla böyle öfkeli değil."

O anda Kallippos arkasını döndü ve Hippias'ı gördü.

"Babana söyle, Kapros'a iyi göz kulak olsun," diye bağırdı. "Kardeşin de Olimpiya'da eskiden babasının başına geleni yaşayacak!" Sonra da sırıtarak Gymnasion'daki Kylon'un yanına gitti.

Hippias donup kaldı.

Pasion şaşkınlık içinde, "Peki, bu neydi şimdi?" diye sordu.

Hippias kendini zor tutuyordu. Sonunda da tüm olan biteni anlatmaya başladı.

"Kallippos, Olimpiya'da bir zamanlar babamın rakibiymiş. O zamanlar onlar da Kapros ve Kylon yaşındalarmış. Babam Kallippos'dan daha iyiymiş ama kazanan Kallippos olmuş.

Pasion, "Eee, ne olmuş?" diye sordu. "İyi olan kazanır. Oyunlarda tek kazanan olur. Kural böyle."

Nike, Hippias'a düşünceli biçimde bakarak, "Baban o zaman daha iyiydiyse, o zaman neden Kallippos kazanmış?" diye sordu.

"Çok basit. Kallippos yarışmadan bir gün önce tüm pentatloncu rakiplerini yemeğe davet etmiş. Bu bilinmeyen bir şey değil. Babam, onun Atina'nın zengin şımarıklarından biri olduğunu ve herkese gücüyle neleri yapabileceğini göstermek istediğini söylüyor."

Ama ertesi gün Troilos o kadar fenalaşmıştı ki, Kallippos'u yenememişti. Kallippos'un yemeğine bir şey koyduğundan ve böylece de fenalaştığından emindi.

Nike dilini yutarcasına, "Ne?" diye bağırdı. "Ama o zaman yarış geçersiz olmalı ve Kallippos'a kırbaç cezası verilmeliydi," dedi. Nike bu arada oyunların kurallarını iyice öğrenmişti.

Hippias başını iki yana salladı. "Hayır, Kallippos'un yaptığı kanıtlanamamış. Diğerlerine bir şey olmayıp sadece babamın fenalaşmış olması çok tuhaf. Ama diğerleri Kallippos için tehlikeli rakipler değilmiş zaten. Tabii ki kazanmış ve ödülü de almış. Daha sonra ikisi bir daha hiç karşı karşıya gelmemiş. Eğer ağabeyim, Kylon'u pentatlonda yenerse, babam için her şey tekrar yolunda sayılacaktır."

Nike, düşünceli biçimde Hippias'a baktıktan sonra, "Kapros bütün bunları biliyor mu?" diye sordu.

Hippias heyecanla, "Elbette biliyor," dedi. "Bütün bunları bana o anlattı. Ancak yarışmayı kazanırsa, babam onun hatiplik ve politika eğitimi almasına izin verilecek, hatta Kapros bunun için Atina'ya bile gidebilecek. Ama babam onu hiçbir zaman beğenmiyor ki. Bugün de hiç memnun değil. Çünkü Kapros ona Olimpiya'da Xenophon ile buluşacağını söylemiş."

Pasion ve Nike birbirlerine baktılar. İkisi de Xenophon'u iyi tanıyordu. Atinalı ünlü politikacı ve yazar, eski bir aile dostlarıydı. Eskiden Olimpiya yakınlarında oturuyordu. Şimdi artık yaşlı biri olmasına rağmen, gücü yerinde olduğu zamanlar, Elis'teki arkadaşlarının yanına ve oyunları seyretmeye geliyordu.

Pasion, "Şanslıymış," dedi. "Babam Xenophon'un Olimpiya'ya geleceğini söyledi. Ama bu kez doğrudan gemiyle gelecekmiş. Kara yolculuğu onun için yorucu oluyormuş."

Hippias başını eğerek, "Biliyorum," dedi. "Bunu biz de duyduk. Xenophon en son buraya geldiğinde, Kapros ona politikacı olmak istediğini söylemişti. Ama o zamanlar burada hâlâ okula gidiyordu. Şimdi okul bitti ve artık Xenophon'un onu öğrencisi olarak kabul edeceğini umuyor. Çıkan tantanayı görmeliydiniz! Babam o kadar öfkelendi ki! Bunu aklından bile geçiremezmiş! Önce Kylon'u yenmeliymiş, hem de Olimpiya'da. Başka bir seçeneği de yokmuş..."

Nike, "Peki, bu niye illa da bu defa olmak zorunda?" diye sordu.

Pasion, "Evet, kesinlikle," dedi. "Kapros ilk kez katılıyor, Kylon daha yaşlı ve deneyimli. Başaramazsa ne olacak?"

Hippias ikisine baktı. Bu onu tasalandıran konulardan biriydi. Çaresizlikle yüzünü astı.

"İşte sorun da bu. Kylon son üç yıl içinde Delphi, Korinth ve Nemea'daki yarışları arka arkaya kazanmıştı..." diye söze başladı.

Pasion, "Öyle mi? Ben bunu bilmiyordum," diyerek sözünü kesti. "Kylon, Olimpiya'da *Periodonikes olabilir*, yani arka arkaya dört büyük yarışmayı kazanmış biri olabilir."

Pasion, hayranlıkla antrenman sahasına doğru baktı. Dört büyük yarışmayı kazanmak! Kylon ünlü ve saygıdeğer biri olacaktı. Bunu herkes beceremezdi.

"İşte babam tam da bunu engellemek istiyor. Bu yüzden Kapros'un bu defa kazanması onun için çok önemli. Bu nedenle de ona baskı yapıyor. Mutlaka kazanmak zorunda." Hippias yumruklarını iyice sıktı. "Zorunda! Eğer olmazsa, babam onun antrenmanlarına devam etmesini ve gelecek yıl Delphi'deki oyunlarda Kylon'un karşısına çıkmasını istiyor. Böylece her şey tekrar yeniden başlayacak. Buna dayanamayacağım! Her şeyin bir an önce bitmesini istiyorum!"

Hippias yere baktı. Nike dikkatlice ona bakarak, "Seni anlıyorum," dedi. "Ama seni tasalandıran sadece bu olamaz, başka ne var?"

Hippias, "Hayır. Olimpiya'da bir şey olacak diye de korkuyorum. Kallippos'un biraz önce ne dediğini duydunuz!"

"Bu defa da belki Kapros...?" Nike, sorusunu bitirmeye cesaret edemedi.

"Evet. Eskiden babamın başına geldiği gibi. O zaman Kapros da galip gelemeyecek ve bitmez tükenmez tartışmalar devam edecek. Buna karşı ne yapabileceğimi bilmiyorum."

Nike, "Ama buna karşı ne yapılabilir ki?" diye sordu.

Pasion, "Kapros herhalde Kallippos'un vereceği hiçbir şeyi yemeyecek kadar zekidir," dedi.

Hippias, "Ona başka biçimde de zarar verebilir," diye cevap verdi.

Nike, "Bugüne kadar Kallippos ve baban sadece karşılıklı birbirlerine kızdılar," dedi ama kendini de gülmekten alıkoyamadı. "Kütük! Kalın kafa! Aptal! Eşek! gibi şeyler söylediler. Ama hiçbir zaman birbirlerini tehdit etmediler."

Hippias sinirlenerek, "Ama Kallippos biraz önce tehdit etti!" dedi. "Kapros dikkat etmezse, başına bir şey gelebilirmiş. Bunu siz de duydunuz!"

Pasion düşündükten sonra kararlılıkla, "Tamam. Haklısın. Ona göz kulak olacağız. Eğer bir şey bulursak, bunu hemen babama anlatırız. Bir şey yapılacaksa, en iyisini o yapar," dedi.

Nike, "Evet, ama Kallippos'un bir şey yapıp yapmayacağından emin olmalıyız. En önemlisi de, Kapros'u asla gözden uzak tutmamalıyız," dedi.

Hippias birden rahatladığını hissetti. Arkadaşlarıyla korkuları hakkında konuşması ona iyi gelmişti. Ona yardım edeceklerdi. Belki de korkuları yersizdi. Ama ya haklıysa?

"Bir plan yapmalıyız."

Nike, ona şaşkınlıkla baktı. "Nasıl bir plan yapabiliriz? Daha bir şeyin olup olmayacağını veya ne zaman olacağını bilmiyoruz ki!"

"Elbette yapabiliriz." Hippias birden cesaretlenmişti. Agoradaki taş tabletleri gösterdi.

"Elbette!" İlk ayaklanan Pasion oldu ve koşmaya başladı. Hippias haklıydı!

Hippias, Nike ve Pasion taş tablette neyi görmek istiyorlar ve bunun sebebi ne?

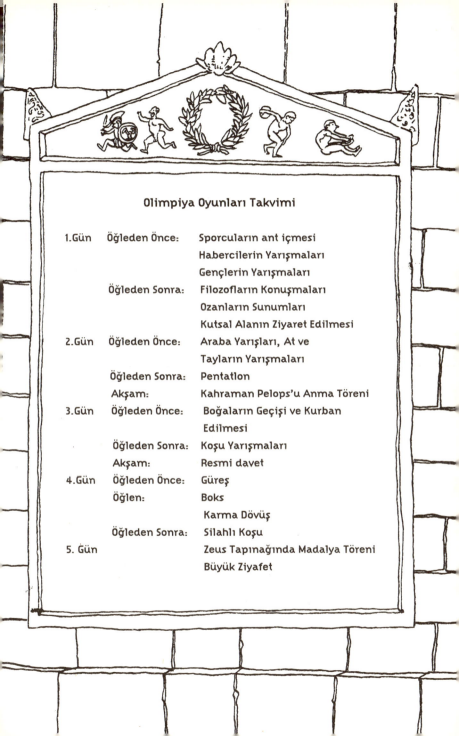

Olimpiya'nın Kutsal Alanında

Hippias ve arkadaşları iki gün sonra, Kapros'u sürekli gözaltında tutarak onu Kallippos'a karşı korumanın pek de kolay olmayacağını anladılar. Çünkü Olimpiya insan kaynıyordu.

Pasion, "Zeus aşkına!" diyerek şaşkınlıkla etrafına bakıyordu. "Ben bunun... hiç böyle olacağını düşünmemiştim."

Hippias ve Nike gibi o da ilk kez seyirci olarak Olimpiya'daki oyunlara gelmişti. Onbinlerce insan tanrı Zeus şerefine düzenlenen oyunları seyretmek için buradaydı.

Nike de gözlerini fal taşı gibi açarak etrafını seyrediyordu.

"Bu şekilde Kapros'u burada nasıl koruyacağız? Onu izlemek bile zor," diye sordu.

Daha sabahın erken saatleri olmasına ve güneş henüz doğmamasına rağmen sayısız insan kutsal alanın etrafındaki sokakları doldurmuştu. En iyi yerleri kapmaya çalışıyorlardı çünkü atletlerin bu sabah Zeus'un kutsal alanına girişi oyunların ilk önemli etkinliğiydi.

Ama üç çocuk ve annelerinin başka sıkıntıları vardı. İki gün önce yürüyüş alayıyla Elis'ten yaya olarak yola çıkmışlar, önceden belirlenmiş yolda altı kilometrelik kutsal caddeyi yürüyerek Olimpiya'ya gelmişlerdi. Elis'ten gelen diğer seyirciler gibi Hippias, Nike ve Pasion da, anneleri ile birlikte oyunlar sürerken kutsal alana yakın, geceleyebilecekleri ve çadırlarını kurabilecekleri uygun bir yer arıyorlardı. Hakemler, çalıştırıcılar ve atletler ise Olimpiya'nın içinde konaklıyorlardı.

Piramit biçimindeki Kronos tepesinin yamaçlarında, Olimpiya kenti tapınakları, spor alanları ve diğer binalarıyla Kladeos ve Alpheios nehirleri arasındaki bir üçgenin içindeydi. Bu nehirlerin arasında hep sessizlik içinde yaşayan kent, şimdi canlı ve gürültülü bir hal almıştı. Zengin veya ünlü insanların nerede yaşadıkları kolayca anlaşılıyordu. Onların paha biçilmez çadırları ilk sırada, kutsal alana yakın bir yerde kurulmuştu.

Antigone, "Merak ediyorum, acaba Eupolis bizim için güzel bir yer bulmuş mudur?" diye sordu. Bu arada da oğlu Hippias'ın inatçı yük eşeklerinden birini çekmesine yardım etmeye çalışıyordu. Eşek, bu kalabalığın içinde bir adım bile ilerlememek için inat ediyordu.

Nike ve Pasion'un annesi Rhea, "Bize yer bulmuştur mutlaka," diye cevap verdi. "Ona, kutsal alana giremesek de, mümkün olabilecek en yakın yerde olmak istediğimi söyledim."

Kutsal oyunlar esnasında evli kadınların Olimpiya'ya ve spor alanlarına girmesi ölüm cezası ile cezalandırılıyordu. Olimpiya'da da kadınlar evlerinde kadınlara ayrılmış bölümlerde yaşıyorlar ve yanlarında biri olmaksızın evlerinden çıkamıyorlardı. Kocalarının arkadaşları ile katıldıkları ziyafetlere de katılamıyorlardı. Başka bir seçenekleri yoktu ve buna da alışmışlardı.

Rhea, "Şu karşı tarafa gitmeliyiz! Bakın, Eupolis işte orada! Kölesi bize el sallıyor," diye seslendi. "Pasion! Nike! Koşun ve yardım edin! Başkaları da bizim yerimizi keşfetmiş."

İkisi birden oraya doğru koşmaya başladılar.

Çadırı kuracakları yere geldiklerinde, Antigone, "Kocan iyi iş çıkarmış," dedi. "Ağaçların altında gölgeli bir yer. Hazine binaları ve hatta stadyumun girişi bile görünüyor. Daha ne isteyelim ki?"

Rahatlamış biçimde onlara eşlik eden iki hizmetçisine eşeklerin üzerindeki yükü indirmelerini ve çadırları kurmalarını emretti. Diğer hizmetçiyi Alpheios Nehri'nden su almaya gönderdi.

Rhea işleri böylece halletti ve kısa zaman sonra ekmek, peynir ve zeytin yemek için çadırlarının önünde oturdular. Yemek esnasında üzüm suyu içiyorlardı.

Hippias arkadaşlarına huzursuz bir bakış attı ve annesine dönerek, "Kutsal alana gidebilir miyiz? Biraz sonra ant içilecek," diye sordu.

Antigone, "Olur, gidin," dedi. "Kapros'u gördüğünüzde, ona başarılar dilediğimi söyleyin." En büyük oğluyla gurur duyuyordu.

Ama Rhea birden başını iki yana salladı. "Nike burada kalıyor. Bu kızlara göre değil."

Nike dehşet içinde annesine baktı.

"Niye ki? Evde buna karşı çıkmıyordun!"

Rhea, "Son birkaç gün bir istisnaydı," diye kesin bir dille cevap verdi. "Kızların bu kadar yabancı insanın olduğu yerde işi olamaz. Hem de hiç bilmediğiniz bir yerde. Bunu sonra babana nasıl açıklarım?"

Pasion, Nike'nin üzgün yüzüne ve sonra da annesine bakarak ciddi bir ifadeyle, "Ben ona göz kulak olurum. Hippias da. Bir şey olmayacak. Sana söz veriyorum," dedi.

Rhea, oğluna uzun bir süre baktı, sonra da gülümsedi. "İyi o zaman. Sana güveniyorum. Hemen gidin, yoksa fikrimi her an değiştirebilirim!" Sonra da çocuklara eliyle gitmelerini işaret etti.

Nike, coşkulu bir haykırışla koşmaya başladı, iki oğlan da hemen arkasından koştular. Ama Antigone'nin arkalarından gülerek, "Giderek babasına benziyor. Sen de fark ettin mi? Büyüdüğünde aynı Eupolis gibi olacak. Ona bir türlü karşı koyamıyorum," dediğini üçü de duymuştu.

Pasion'un yüzünü mutluluk dolu bir gülümseme kapladı. İnsan kalabalığı içinde törenin yapılacağı caddeye doğru gitmeye çalışan Hippias ve Nike'ye göz kırptı.

Pasion bir süre sonra, "Leonidaion'dan sağa döneceğiz," dedi. Buraları biraz biliyordu çünkü oyunlardan önce de babasıyla Olimpiya'ya gelmişti. O zaman buralarda mabedin rahipleri ve hizmetçileri dışında kimsecikler yoktu. Hatta spor alanlarında biten otlar ve küçük çalılıklar temizlenmek zorundaydı. Çünkü dört yıl boyunca hiç kullanılmamıştı.

Ve bu yıl oyunların farklı bir özelliği de vardı. Naxos'lu zengin Leonidas, hakemler ve ünlü konuklar için kendi adını taşıyan büyük bir konaklama tesisi yaptırmıştı: Leonidaion. Konuklar, sakin bir bahçenin etrafındaki küçük ev ve odalarda barınıyordu ve yakında da bir hamam vardı. Bu elbette nehir kenarında bir çadırda konaklamaktan çok daha rahattı.

Pasion diğer ikisine el işareti yaparak kendisini takip etmelerini istedi. Caddede, dükkânların ve iyi satışlar yapacaklarını uman esnafların önünden geçerek yürüdüler. Gelecek beş gün içinde insanların ihtiyaç duyacağı her şey vardı burada: hediyelik eşyalar, gıda maddeleri, taze kaynak suyu, güneşten korunmak için yağ ve kıyafetler. Üç çocuk güneydeki sütunlu meydandan ve kalabalığın arasından geçerek sonunda Buleuterion'a, Olimpiya'nın meclis binasına ulaştılar.

Hippias, "Şimdi iş ciddileşecek!" dedi. Kapros'u gözetlemek için yaptığı akıllıca planın kolay işlemesini umuyordu.

Pasion, "Evet, buradan itibaren daha dikkatli olmalıyız," diye cevap verdi. "Elis'teki taş tabletin üzerinde yazdığı gibi: pentatlon yarın öğleden sonra yapılacak. Demek ki, birisi kötü bir şey planlıyorsa, en geç yarın öğlene kadar bunu gerçekleştirecek."

Nike aniden, "Peki, bu gece ne yapacağız?" diye sordu. "Biz nehir kenarındaki çadırlarda geceleyeceğiz."

Pasion, "Nike haklı," diyerek onayladı. "Kapros diğer atletlerle birlikte Gymnasion'da kalıyor. Oraya da bizim girmemiz yasak. Orası sadece atletler için."

Hippias onlara korkuyla bakarak, "Ama babamız nasılsa onun yanında," dedi ve kendisini sakinleştirmeye çalıştı. "Gece başına bir şey gelmez. En azından öyle umuyorum."

Caddeyi dolduran insan kalabalığı geçit törenini bekliyordu. Özellikle Buleuterion önündeki seyirciler dip dibeydi, çünkü oyunlara katılanlar burada, Zeus önünde ant içeceklerdi. Meclis binasının ana salonunda, tanrının korkuyu simgeleyen bir heykeli duruyordu. Bu heykel, Ant Tanrısı Horkios'un adını taşıyordu. Her iki elinde de birer şimşek vardı. Ayaklarının altındaki kaidede bir tablet asılıydı. Bu tabletin üzerinde yalan yere yemin edenleri ne tür cezaların beklediği yazıyordu.

Çocuklar daha Buleuterion'da kendilerine uygun bir yer bulur bulmaz, bekleyenler arasından bir uğultu yükseldi. Aralarından birisi, "İşte orada, geliyorlar," dedi.

Tören alayı yavaş yavaş meclis binasına yaklaşıyordu. Alayın başında Eupolis ve diğer dokuz hakem yer alıyordu. Tüm Yunan dünyasından katılımcılar çocukların önünden geçiyordu; Elisli, Atinalı, Korinthli, Epidauroslu, Spartalı, Kyreneli, Selinuntlu, Byzantionlu ve Ege Denizi'nin etrafındaki birçok diğer şehirdevletten gelen atletler vardı. Başarılarıyla ünlü bazı yarışmacılar, seyirciler tarafından özellikle daha fazla alkışlanıyordu.

Atinalı atletler geçtiğinde, çocuklar Kallippos ve Kylon'u da gördüler. Kylon, kendinden emin bir gülümsemeyle, ona alkış tutan Atinalı seyircileri selamlıyordu. Onun ne kadar başarılı olabileceğini biliyorlardı. Hippias'ın yüzünü acı bir gülümseme kapladı. Kylon'u gördüğünde ona tezahürat etmek içinden gelmedi.

Pasion aniden, "Leon orada!" diye bağırdı. Ellerini bir huni gibi kıvırarak ağzına dayadı ve, "Hey, Leon!" diye bağırdı.

Grubun içindeki bir genç onlara doğru baktı ve Pasion'a el salladı. Sonra onu bekleyeceğine yönelik bir işaret yaptı. Pasion, mutlulukla ona el salladı. Keşke kendisi de bir gün bu oyunlara katılabilseydi! Hippias, şüpheyle Nike'ye bakıyordu.

Nike, "Bu Leon. Atinalı Timon amcamızın oğludur," diyerek açıklama yaptı. "O, henüz on iki yaşında ve ilk kez gençler yarışmasına katılacak. Herhalde çok gergindir."

Ama Hippias artık hiçbir şeyi tam dinlemiyordu. Heyecan içinde sadece, "Kapros, Kapros, biz buradayız!" diye bağırıyordu.

Ağabeyi güldü ve başparmağını havaya kaldırdı. Çok sakin ve oyunlara katıldığı için de mutlu görünüyordu. Yanında yürüyen Troilos çok daha gergindi. Dudakları ince bir çizgiyi andırıyordu.

Kutsal mekânın rahipleri, yürümekte olan alayı Buleuterion'un önünde bekliyordu ve sonra da ant içme töreni başladı. Tören çok uzun sürdü. Birçok katılımcı Zeus'a adanmış olan bir yaban domuzunun üzerine ant içmek zorundaydı.

Yarışma hakemleri de ant içtiler. Hakemler, hiçbir hediye kabul etmeyeceklerine ve adil kararlar vereceklerine dair yemin ediyorlardı. Ve atletleri hangi nedenlerle yarışmalara kabul ettiklerini veya yarışmalara almadıklarını da gizli tutacaklardı. Çünkü bu yılki yarışmalara kabul edilmeyen atletler, gelecek oyunlara katılma hakkını koruyabilmeliydi.

Tören sonunda bittiğinde, Leon onlara doğru geldi. Uzun boylu ve zayıftı, güçlü bir koşucunun bacaklarına sahipti. Hippias'ın tanıştırdığı Nike ve Pasion'u selamladı. Üzgün bir biçimde, "Sürekli sizin yanınızda kalamam. Kendimi sıcak tutmak için koşmalıyım," dedi. "Stadyuma da gelecek misiniz? Biraz sonra sıra bize gelecek." Nike haklıydı, Leon huzursuzdu ve yerinde duramıyordu.

Pasion, "Elbette geleceğiz," diyerek hızlı adımlarla Gymnasion'a doğru koşan Leon'un arkasından seslendi. Oradaki koşu pistinin uzunluğu bir stadyumdaki kadardı ve 600 olimpik adımdı.

Nike, "Bakın, Kapros geliyor!" dedi.

Çocuklar ona doğru koştular. Kapros, yarışmalardan önceki son antrenmanı için hazır görünüyordu. Elindeki torbada, küçük bir kap yağ ve vücudunu temizlemek için iki demir spatula vardı. Troilos bunları oğlu için hazırlamıştı ve Kapros buna çok sevinmişti. Her yarışmacı vücudunu zeytinyağıyla yağlıyordu, özellikle de antrenman sahası ve stadyumda acımasızca ışıldayan yakıcı güneşe karşı bunu yapmak gerekirdi. Yarışmadan sonra hamama girmeden önce atletlerin üzerindeki ter, yağ ve toz da spatulayla kazınıyordu.

Kapros, kardeşinin endişeli bakışlarını fark etti ve omuzuna vurdu. Hippias, ona daha önce korkularından bahsetmişti ama Kapros bunları anlamsız bularak başını sallamıştı. Hippias, ağabeyinin en azından daha dikkatli olması gerektiğini anlamasını istiyordu. Özellikle de Troilos'un Kallippos hakkında anlattıklarından sonra.

Kapros bir kez daha, "Kallippos'u iyice tanıdım ve Kylon'u da yakından izledim. Kallippos belki biraz hava atıyor ama Kylon sadece bir geveze. İkisi de tehlikeli tipler değil, sadece herkesin kendilerini dinlemesini istiyorlar. Şimdi güreşçilerle antrenman yapmak için Palestra'ya gidiyorum. Orada başıma bir şey gelmez. Etrafta çok fazla insan olacak," dedi.

Hippias biraz sakinleşmişti. Kapros ayrıca, "Öncesinde bir dükkâna uğrayıp tapınaktakine benzeyen küçük bir Zeus heykelciği satın alacağım. Olimpiya'dan bir anı olsun," dedi.

Hippias, onun yüzüne iyice baktı. Kapros'un aslında ne yapmaya çalıştığını biliyordu. Xenophon'un Olimpiya'ya gelip gelmediğini öğrenmek istiyordu. Belki onunla bir görüşme ayarlayabilirdi. Babasının bu planı anlamamasını umdu! Yoksa Troilos ve Kapros burada, Olimpiya'da da tartışırlardı.

Kapros çocuklara, "Benim nerede olacağımı biliyorsunuz artık. Siz en iyisi bu akşam antrenmandan sonra Palestra'ya gelin. Kendi gözlerinizle her şeyin yolunda olduğunu görürüsünüz," dedi.

Hippias, "Geleceğiz, bundan emin olabilirsin," dedi ve unutmadan da, "Ayrıca, annem sana başarılar diledi," diye hızlıca ekledi.

Nike, "Biz de başarılar dileriz," diye seslendi.

Kapros, gülümseyerek teşekkür etti, sonra Buleuterion'dan geçerek tören caddesine girdi. Hippias, içinde beliren kötü bir hisle, onun kalabalıkta kayboluşunu seyretti. Pasion arkadaşını rahatlatmaya çalışıyordu. "Sakin ol! Şu an yapabileceğimiz bir şey yok. Gittiği yerlerde tehlike yok ki."

Nike, "Evet, panik yapma! Kapros antrenmandayken biz de stadyuma gidip Leon'un yarışı için kendimize yer bulabiliriz," dedi.

Hippias, isteksizce ikisini takip etti. Ama aklı Kapros'ta kalmıştı. Ağabeyinin hemen Palestra'ya gitmek istememesi onun biraz olsun canını sıkmıştı.

1 Stadyum	12 Pelopion
2 Yankı Salonu	13 Hera Tapınağı
3 Hakemlerin Evi	14 Philippeion
4 Hipodrom	15 Prytaneion
5 Buleuterion	16 Gymnasion
6 Güney Salonu	17 Palestra
7 Zeus Tapınağı	18 Rahip Evleri
8 Kül Sunağı	19 Phidias'ın Atölyesi
9 Rhea Tapınağı	20 Dükkânlar
10 Hazine Binaları	21 Leonidaion (Konukevi)
11 Kronos Tepesi	22 Hamamlar

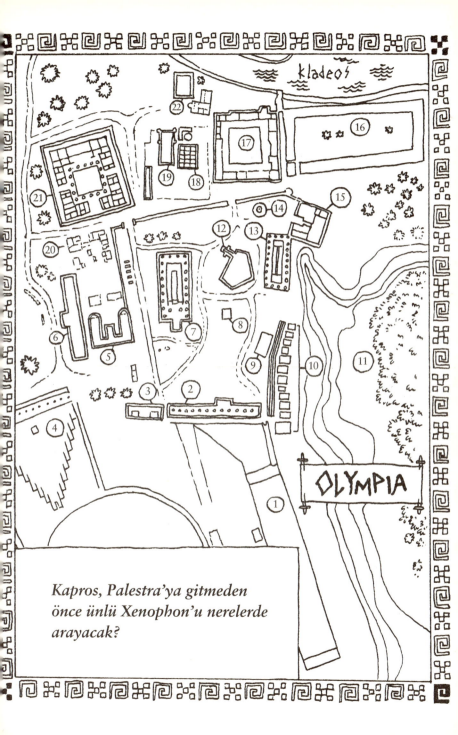

Uğursuzluk Yaklaşıyor

Ant içme töreninden sonra seyirciler, haberci ve trompetçi yarışmalarının yapıldığı Yankı Salonu'nun yanından geçerek, stadyumdaki koşu pistlerinin etrafında bulunan toprak tepelerin üzerinde yer tutmak için koşturdular.

Pasion, "İşte ilk koşucular stadyumun giriş tüneline girdiler bile. Hadi, acele edelim!" diye seslendi.

Hippias, Kapros'u en son gördüğü kalabalığa doğru bir kez daha baktı. "Umarım başına bir şey gelmez!" Sonra da arkadaşlarının arkasından stadyumun yamaçlarına doğru koştu.

Burada yaklaşık 45.000 seyircilik yer vardı. İnsanlar, güneş altında dip dibe duruyorlardı. Çocuklar, hakemlerin bulunduğu tribünün yakınında, pisti iyi görebildikleri bir yer bulmuşlardı. Hakemler için, koşu pistinin yaklaşık üçte birinden sonra bir kürsünün üstünde taştan yapılmış on oturak yer alıyordu. Bu oturma yerlerinin dört bir tarafı taştan korkuluklarla seyircilerin bulunduğu yerden ayrılmıştı.

Nike, "Şu tarafa bakın. Orada bir kadın var!" dedi.

Karşı taraftaki toprak tepeyi gösteriyordu, her yerde olduğu gibi burada da birçok evlenmemiş genç kız, babaları ve erkek kardeşlerinin yanında durabiliyordu. Ama seyircilerin arasında yalnız başına bir kadın beyaz mermer bir sunağın yanında duruyordu. Ustaca dikleştirilmiş saçlarının üzerinde bir örtü vardı, bu evli olduğu anlamına geliyordu.

Pasion, "Bu kadın, Tanrıça Demeter'in rahibelerindendir. O burada olmazsa, oyunlar yapılamaz dedi babam," diye açıkladı.

Bu doğruydu. Demeter bereket ve hasat tanrısıydı ve tanrıların babası Zeus'tan çok daha önceki zamanlarda da bu topraklarda saygı görüyordu. Ona gösterilen saygının bir işareti olarak rahibenin bulunduğu mermer sunağından oyunları seyretmesi için ricada bulunulmuştu. Buradaki evli tek kadın oydu.

Hippias, "İşte oradalar!" diye bağırdı. Leon'un yarışı için çok heyecanlanıyordu ve neredeyse Kapros için duyduğu endişeleri unutmuştu. Belki de ağabeyi haklıydı ve aslında tehlikede değildi.

Herkes stadyumun giriş tüneline doğru bakıyordu. Tünel, hazine binalarının arasındaki toprak tepenin içindeydi ve Yankı Salonu kutsal bölgeyi koşu pistiyle birleştiriyordu. Şimdi de yarış hakemleri sopa taşıyıcıların ve genç atletlerin eşliğinde tünelden çıkıyorlardı. Leon da aralarındaydı. Hakemlerden üç tanesi koşucuların yanında kaldı. Diğerleri taşla ayrılmış alanın üzerine çıkarak yerlerine oturdular. Oturdukları yerin altından koşu pistinin dört bir yanına seyircilerin ferahlaması için su akıyordu.

Eupolis çocukları fark ettiğinde kaşlarını çattı. "Kızım, sen niye buradasın?" diye sertçe sordu. "Niye annenin yanında kalmadın?"

Pasion, hemen araya girerek kız kardeşinin yerine cevap verdi. "Burada olmayı çok istiyordu."

Eupolis oğlunun gerekçesini hiç dikkate almadı. "Kızlar ne görünmeli ne de duyulmalıdır. Annen sana bunu öğretmedi mi?"

Pasion tekrar kardeşi için cevap verdi. "Anneme, ben ve Hippias'ın ona göz kulak olacağımıza söz verdik. Onun hep yanındayız."

Nike kararlılıkla, "Evet, bunu çok iyi yapıyorlar," dedi. Daha sonra da kızgın bir tonla, "Ben tek başıma zaten bir adım bile atamam," diye ekledi.

Eupolis elini kaldırarak karşı çıktı. "Kızlar susar ve laf dinler," dedikten sonra da oğluna sert bir bakış attı. "Sen artık büyüdün. Sana güveniyorum." Pasion başını eğdi. "Kardeşinin burada olmasına sırf bunun için izin veriyorum." Pasion tekrar başını eğdi ve doğrudan babasının gözlerinin içine baktı.

Eupolis, "O zaman tamam. Şimdi yanıma gelin bakayım! Bu üç yer henüz boş, çünkü onur konukları daha gelmedi. Bu nedenle bu seferlik burada oturabilirsiniz."

Hippias ve Pasion büyük bir mutlulukla ayrılmış yerlere oturdular. Nike, babasının öfkesini tekrar üzerine çekmemek için oturduğu yerde olabildiğince görünmemeye çalışıyordu. Ama babası, Hippias ve Pasion'un ona göz kulak olmalarından memnun gibiydi.

Başlama çizgisinde bekleyen çok koşucu vardı. Yağlanmış vücutları güneşte parlıyordu, çünkü çıplak koşacaklardı. Eskiden yapılan bir yarışta, bir yarışçının üstündeki örtü çözülünce, yarışçının ona takılarak feci şekilde yaralandığı anlatılırdı. Ondan sonra kimseye bir şey olmasın diye tüm atletlerin çıplak olarak yarışması uygun bulunmuştu. Sadece araba yarışçıları, atların nallarından sıçrayan taşlardan korunmak için uzun elbiseler giyerlerdi.

Leon stadyumda, düz pistte kısa mesafe koşacaktı. Koşucular, başlangıç çizgisinin bulunduğu pistin diğer tarafına gittiler, çünkü bitiş çizgisi her zaman tünelin girişinde oluyordu. Kutsal arazide yapılan tüm koşular, birden fazla turdan olanlar da dahil, tanrıya saygı için Zeus Sunağı yönünde biterdi. Bu nedenle koşu pisti biraz eğimli duruyordu. Ama Leon şanslıydı çünkü koşacağı mesafe yokuş aşağıydı.

Stadyumda sessizlik oldu. Hakemler işaret verdi ve genç koşucular başlama çizgisindeki tahtaların arkasına dizildiler. Bu tahtalar halatlarla, direklere yatay olarak bağlanmıştı. Başlama işareti verildiğinde bir hakem halatı serbest bırakıyor, tahtalar hep birlikte yere düşüyor ve pist koşuya açılıyordu. Başlama çizgisi, içinde ikişer oyuk olan mermer bloklardan oluşuyordu. Bu bloklar toprağın içine gömülmüşlerdi. Koşucular birbirine yakın olan bu mermerlerin üzerinde durarak ayak parmaklarını bu oyukların içine yerleştirdiler. Sonra hafifçe eğildiler ve yeterince hız alabilmek için kollarını öne uzattılar. Gerilmiş kaslarıyla, sessiz biçimde, trompetçi başlama sinyalini verene kadar beklediler.

"Aaaaaaaaa!" diye bağırdı kalabalık.

Hatalı çıkış! Gençlerden biri çizgiden erken çıkmıştı. İyi ki bu Leon değildi! Hippias, Pasion ve Nike daha iyi görebilmek için yerlerinden zıpladılar.

Başhakem Eupolis bir işaret yaptı. Sopa taşıyıcılarından biri hemen şanssız genç koşucunun yanına gitti ve kırbacıyla ona birkaç kez vurdu. Bu da Olimpiya'daki kurallardan biriydi. Hatalı çıkış herkesi rahatsız ettiği için hatayı yapan yarışçı hemen cezalandırılıyordu. Genç koşucu üzgün biçimde tekrar başlama noktasına gitti.

Çocukların yanındaki bir seyirci alaycı bir biçimde, "Epidauruslu biri! Bunlar her şeyi böyle tiyatroya çeviriyorlar," dedi.

Hemen onun yanında duran bir başka seyirci, onun susmasını sağladı ve başıyla tribündeki hakemleri işaret etti. Olimpik barış, aynı zamanda rakiplerle alay etmemek ve onları rahatsız etmemek anlamına geliyordu.

Koşucular tekrar sıralandılar. Bu defa çıkış sorunsuz gerçekleşti. Hippias, Pasion ve Nike nefeslerini tutmuş, yarışı izliyorlardı. Üçüncü sırada koşan Leon'a tezahürat yapıyorlardı, hatta Leon bir ara ikincinin de önüne geçmişti. Ama ilk sıraya bir türlü çıkamıyordu. Korinthli genç ondan daha hızlıydı.

Pasion, "Hadi gelin, diğer tarafa, tünelin girişine koşalım, Leon'u teselli etmemiz lazım," dedi.

Seyircilerin arasından tepeyi aşarak Yankı Salonu'na doğru gittiler, oradan da hazine binalarının bitişiğinde olan stadyum girişine ulaştılar.

Leon tünelde göründüğünde başı öne eğilmişti. Bir adam kolunu onun omuzuna koymuştu. Bu babası ve çalıştırıcısı Timon'du, aynı zamanda Pasion ve Nike'nin amcasıydı.

Babası Leon'a, "Bu daha senin ilk yarışındı, oldukça da başarılıydın. Antrenmanda yaptığın hataların hiçbirini yaptığını görmedim," dedi.

Ama olan olmuştu artık, Leon hayal kırıklığı yaşıyordu. Kazanmaya çok yaklaşmıştı. Ancak her yarışın sadece bir galibi olurdu.

Çocukları tünelin başında görünce, cesurca onlara doğru gülümsedi. Pasion ve Nike moral vermek için takdir edercesine onun omuzuna vurdular.

Timon, yeğenlerine gülümseyerek başını eğdi. Sonra da Hippias'a dikkatlice baktı.

"Sen, Elisli Kapros'un kardeşi değil misin?" diye sordu. "Kapros, artık Atina'da bile ünlü. Her yerde onun pentatlonda çok iyi geleceği olan, muhteşem bir atlet olduğu söyleniyor."

Hippias, bu güzel sözleri duyunca sevinçten yüzü kızardı.

Pasion, "Bunu kim söylüyor? Bir Atinalı mı?" diye sordu.

Timon, "Bunu Kallippos söyledi," diye cevap verdi. "Bunu en iyi o bilir, çünkü kendisi pentatlon çalıştırıcısıdır ve oğlu... Siz niye bana öyle tuhaf bakıyorsunuz ki?" diye sözünü kesti ve çocukların şaşkınlık dolu yüzlerine baktı.

Hippias dikkatlice, "Şey işte. Biz, Kallippos'un bunları söyleyeceğini düşünmüyorduk. Onun oğlu benim kardeşimin en tehlikeli rakibi de," diye cevap verdi.

Timon, "Evet, olabilir. Ama Kallippos iyi bir çalıştırıcı, nazik ve adil bir insandır. Oğlunun birçok rakibi olabilir ama o hepsine saygı duyar ve büyük yeteneği olanı da över," diyerek onayladı.

Hippias arkadaşlarına baktı. Duyduklarına inanamadı. Kallippos adil ve nazikmiş. Babası bu kadar yanılmış olabilir miydi? Burada mutlaka yanlış olan bir şey vardı!

Timon gülerek, "Seni yanılttığım için kusura bakma, ama gerçek bu," dedi. "Oyunlardan önce yapılan abartılı söz düellolarını ciddiye almamak lazım. Bunda da Kallippos gerçekten bir ustadır.

Şimdi bana izin verin çünkü Leon hemen hamama gitmeli. Sonra da görüşebilirsiniz."

Daha ayrılır ayrılmaz, Nike patladı. "Kallipos adil ve nazikmiş. Ne demezsin!" Nike de Hippias gibi kızgınlık içindeydi.

Çocuklar yavaşça yürümeye devam ettiler.

Pasion, "Evet, gerçekten de çok tuhaf. Kallippos'un bu övgüsü belki de oyunun sadece bir parçasıdır," diye ekledi.

Hippias öfkeyle, "Olabilir. Ama bu kadar kolay pes etmeyeceğim. Planımızı değiştirmeyeceğim," dedi.

Nike, "Biz de. Söz konusu bile olamaz," diyerek onayladı.

"Bakın! Ön tarafta Xenophon duruyor."

Pasion, Zeus Sunağı'nın bulunduğu kutsal alan Altis'i eliyle gösterdi. Gerçekten de oradaydı! Hippias onu hemen tanıdı. Orada yüzü, kır saçları ve kır sakalı ile çevrelenen yaşlı bir adam duruyordu. O anda bir bastona yaslanarak öne eğiliyor ve dikkatlice cılız ve genç bir adamı dinliyordu. Adam konuşurken elleriyle yanlarındaki bir taş blokunun üzerinde duran, birkaç adım yüksekliğindeki gri konik figürü işaret ediyordu. Bu, Zeus'a adanan bir sunaktı.

Hippias, "Hadi, onun yanına gidelim. Kapros'un onunla konuşup konuşmadığını sormak istiyorum," dedi.

Pasion, "Tamam, gidelim. Zaten gördüğümüzde ona babamın selamını söyleyecektik," diye karşılık verdi.

Çocuklar, Xenophon'un yanına gidip Pasion ona babasının selamını ilettiğinde çok memnun oldu.

Xenophon, "Pasion ve Nike! Ne hoş sürpriz," dedi. Sonra da çocuklardan Eupolis'in tüm ailesi hakkında bilgi aldı. Atina'da yaşadığından bu yana onları çok az, buna karşın Atina'da yaşayan Eupolis'in kardeşi Timon ve oğlu Leon'u daha sık görebiliyordu.

Xenophon da Kapros'un pentatlon konusundaki yeteneğini duymuştu ve Hippias'ı da tekrar gördüğü için mutlu olmuştu.

Xenophon'un konuştuğu cılız genç adam birden Hippias'a doğru döndü, siyah ve içe batmış gözlerini ona dikerek uzun süre ayırmadı. Çocuklar bu bakıştan rahatsız oldular.

Xenophon şaşkınlıkla, "Teisamenos, ne oldu sana?" diye sordu.

Ama o soruyu duymamış gibiydi. Tedirgin bir sesle, "Uğursuzluk geliyor!" dedi. Sonra arkasını döndü ve başka bir şey söylemeden oradan uzaklaştı.

Pasion ağzı açık biçimde onun arkasından bakakaldı. Nike korkarak elini kalbinin üzerine bastırdı. Hippias da titremeye başladı.

Kendine ilk gelen Pasion, "Kimdi bu?" diye sordu.

Xenophon, "Teisemenos, Olimpiya'daki kehanet merkezinin bir kâhini. O, en iyilerinden biridir, çoğu zaman ona danışırız. Ne söylemeye çalıştı acaba? Daha önce kâhinlere çok danışmama rağmen söylediğini anlayamadım. Biliyor musunuz, bir zamanlar Pers prensinin paralı askerlerden oluşan ordusunu babasına karşı yönetirken Delphi'deki kehanet merkezine danışmıştım. Böylece savaş sonunda hayatta kalmıştım, çünkü hangi tanrılara inanacağımı biliyordum. Ama şimdi anlayamıyorum..."

Hippias dinlemek istemiyordu artık. Titremesi bir türlü geçmiyordu. Düşüncelerinde boğuluyor ve zihnindeki sorular çoğalıyordu. Kâhin, Kapros'un adını duyar duymaz konuşmaya başlamıştı. Uğursuzluğun Kapros'la bir ilgisi mi vardı? Hangi uğursuzluk? Kimden gelecekti? Hippias gerginlikten kendini kötü hissetmeye başladı. Buradan uzaklaşmalıydı, hem de hemen...

"Hippias. Beni duyuyor musun?" Pasion onun kollarına yapıştı ve kendine gelene kadar onu salladı. Hippias şaşkınlıkla arkadaşına baktı ve gergin biçimde Xenophon'a döndü.

"Leonidaion'da mı kalıyorsunuz? Kapros bugün oraya geldi mi? Sizinle konuştu mu? Palestra'ya gitmeden önce sizi aradı mı?"

Xenophon, "Ne kadar da çok soru!" diye cevap verdi. "Sen bana çok saygı duyduğum öğretmenim Sokrates'i hatırlatıyorsun. O da insanları çok soru sorarak düşündürmeye çalışırdı. Ve bunu başardı da, ama sadece..." Xenophon ara verdi ve Hippias'ın, onun için çok önemli olan cevabı almak için gözlerini sonuna kadar açmış, beklediğini fark etti.

"Sorularına cevap bulmak için düşünmeme fırsat ver." diye devam etti. "Evet, Leonidaion'da kalıyorum. Hayır, Kapros bugün benimle konuşmadı, ayrıca onun orada olup olmadığını ve beni sorup sormadığını da bilmiyorum. Bunlar niye bu kadar önemli?"

Hippias boynunu eğdi. Pasion onu sakinleştirmeye çalışırken, Nike de Xenophon'a heyecanının nedenini anlatıyordu. Xenophon duyduklarına üzüldü.

"Üzgünüm ama Kapros'u gerçekten görmedim. Ama Kallippos'un oğlunun rakiplerinden birine kötü bir şey yapacağını düşünemiyorum. Onu iyi tanırım."

Bunlar Hippias'ı biraz rahatlatır gibi oldu. Xenophon da Timon gibi, Kallippos'un kötü planlar ve işler peşinde olacağına inanmıyordu.

Konuşmak yeterli olmuyordu. Hippias, Pasion'u kolundan tuttu ve birlikte oradan uzaklaştılar. Hemen Palestra'ya gidip Kapros'un orada olup olmadığına bakmak istiyordu. Her şeyin yolunda olduğundan emin olmalıydı.

Çocuklar daha Xenophon ile vedalaşmadan önce, Hippias ve Pasion oradan ayrılmışlardı. Nike onlara zar zor yetişebiliyordu.

Palestra'ya geldiklerinde antrenman sahasına giremediler. Heyecanla her dışarı çıkana Kapros'u sormaya başladılar. Ama onu gören olmamıştı! Demek ki Palestra'ya hiç uğramamıştı.

Hippias yumruklarını sıkarak, "Böyle olacağını biliyordum. Kapros niye beni dinlemedi ki?" dedi.

Peki, şimdi ne yapmaları gerekiyordu? Zaman da epey ilerlemişti ve çok yakında karanlık çökecekti. Onu nerelerde aramalılardı?

Pasion sonunda, "Hadi gel, Buleuterion'a geri dönelim. Kapros'un bugün buraya geldiği yere doğru. Belki orada bir şeyler bulabiliriz," diye önerdi.

Büyük umutlara kapılmadan Palestra'dan ayrılarak rahiplerin evlerinin ve ünlü heykeltıraş Phidias'ın atölyesinin yanından geçtiler. Sürekli yerde izler arıyorlardı ama gerçekte hiçbiri aslında ne aradığını bilmiyordu.

Ama Leonidaion'a geldiklerinde Hippias aniden durdu. Yolun ortasında, üzerinde küçük bir yağ testisi asılı bir kolye ve vücut temizliği için kullanılan iki spatula duruyordu.

Pasion, "Bu eşyalar buradaki herhangi birine ait olabilir! Çünkü tüm sporcuların spatulası ve yağları var," dedi.

Hippias, "Hayır. Bunlar Kapros'un eşyaları. Ona bir şey oldu. Bunu biliyorum," dedikten sonra onları yerden aldı. Bu arada yüzü bembeyaz olmuştu.

Hippias kendinden neden bu kadar emindi?
Öneri: Bulmacanın çözümü için 158. ve 159. sayfadaki bilgilerden yararlanabilirsiniz.

Kapros Kayboldu

"Hemen babama gitmeliyiz!" Pasion, üzüntülü biçimde toprak testiye bakıyordu.

Nike, "Peki, Kapros eşyalarını kaybetmiş olamaz mı? Bu herkesin başına gelebilir," dedi.

Hippias başını sallayarak, "Hayır! Bunları ona babam hediye etmişti ve adını da ateşte testiyi pişirirken yazdırmıştı. Kapros bunları kaybetmiş olsaydı, tekrar bulmak için sonuna kadar arardı," dedi.

Acaba birisi onu götürmüş müydü? Hippias tekrar terlemeye başladığını hissetti. Kardeşi neredeydi? Ona ne olmuştu?

Sonunda Nike cesaretini toplayarak herkesin çekindiği soruyu soran kişi oldu, "Onun kaçırıldığını mı düşünüyorsun?"

Pasion ona şaşkınlıkla baktı. "Kaçırılmak mı?"

Hippias üzgün biçimde, "Bunun tek açıklaması da bu," dedi. Kallippos gibi birinden her şey beklenirdi. Rakiplerinin yemeğine başarısız olmaları için zararlı otlar koyan birinden her şey beklenirdi.

Düşündükçe bir kaçırılma olduğundan giderek daha da emin hale geliyorlardı. Kapros sadece kaybolmamıştı, aynı zamanda gideceği yere de gittiğini gören olmamıştı, ne Palestra'da ne de Leonidaion'da. Ellerindeki tek iz yağ testisi ile spatulaydı.

Pasion ciddileşerek, "Bence babama artık her şeyi anlatmalıyız," dedi.

Hippias da üzüntüyle başını eğdi, kendini kötü hissediyordu.

Nike, "Onu mutlaka bulacağız," diyerek Hippias'ı teselli etmeye çalışıyordu. Sonra da, "Sence babam nerede? Yarışmalar çoktan bitti," diye sordu.

"Belki hakemlerin bulunduğu evdedir."

Çocuklar hemen Yankı Salonu'nun yanındaki binaya giden sokaktan aşağı indiler. Uzaktan Troilos'un öfkeli sesi duyuluyordu.

"Korkarak saklandı işte, Eupolis! Bunu ondan beklemezdim. O bir korkak!"

Hippias kaşlarını çattı. Babası neler söylüyordu? Herhalde bahsettiği kişi Kapros değildi! Hemen binaya girdi, ardından da Pasion ve Nike geldi.

Babası Hippias'ı karşısında görünce sert bir tonla, "Sen burada ne arıyorsun?" diye sordu. Eupolis de çocuklara şaşkınlıkla bakıyordu.

Hippias heyecanla, "Kapros kayboldu," diye bağırdı.

Troilos öfke içinde kollarını havaya kaldırarak, "Bunun ben de farkındayım! Tüm gün ortalıkta yoktu. Onu her yerde aradım. Ant içme töreninden sonra birden ortalıktan kayboldu. Püfff diye havaya uçtu sanki. İnanılır gibi değil..."

Eupolis, "Troilos, hadi rahat ol biraz!" diyerek onu rahatlatmaya çalıştı ama Troilos bir türlü durmak istemiyordu.

"Sana göre hava hoş! Ben oğlumu yarınki pentatlonu kazansın diye bu kadar süredir boşa çalıştırmadım. Ve bu hiç de kolay olmadı, inan bana!"

Hippias, "Baba..." diyerek konuşmaya başladı.

Troilos onu dinlemiyordu bile. "Düşünün ne kadar zamanımı ayırdım. Ve ne kadar da para! Kendi işlerime bile zaman ayıramadım, çünkü Kapros'u çalıştırmak zorundaydım. Tam on ay! On uzun ay! Zeus şahit olsun ki, bunun hesabını verecek. Eupolis, bunu göreceksin! İnanılır gibi değil bu!"

Troilos büyük bir öfke ile konuşuyordu. Bir türlü durmak bilmiyordu. Nike derin bir nefes aldı ve Troilos'un sesini bastırarak, "Kapros kaçırıldı!" diye bağırdı.

Bu etkili olmuştu. Troilos aniden sustu ve ağzı açık biçimde Nike'ye baktı. Eupolis, kız çocuklarının bakma ve dinleme hakları olmadığını unutmuştu.

Dehşete kapılarak, "Sen ne diyorsun, kızım?" diye sordu. "Sen bunu nereden biliyorsun?"

"Bunu ben de çok bilmek isterdim!" diye bir ses geldi aniden.

Yorgun görünen bir adam içeriye girdiğinde, herkes telaşla ortalıkta geziniyordu.

Eupolis, "Diokles!" diye bağırdı. "Senin geldiğini hiç duymadık."

Diokles gülmeye başladı. "Duymanız mümkün değildi zaten. Siz yeterince gürültü yapıyordunuz. Özellikle de sen, Troilos. Sesin neredeyse stadyumdan duyuluyor. Peki, nasıl bir kaçırmadan bahsediyorsunuz?"

Diokles sessizliği sağlamıştı. Olimpiya'da doktordu ve ihtiyacı olan herkesle yardımcıları ile birlikte ilgileniyordu. Yorgun oluşu şaşılacak bir şey değildi, çünkü bugün de olduğu gibi her gün oldukça fazla olay oluyordu.

Troilos ve Eupolis de çocuklara baktılar.

Troilos sabırsızca, "Hadi, anlatın. Bunu nereden biliyorsunuz?" diye sordu.

Hippias bir şey söylemeden yolda buldukları yağ testisi ile spatulayı uzattı.

Troilos elinde tuttuğu eşyalara baktı ve Hippias'a bakarak, "Ne şimdi bunlar?" diye sordu.

"Bunları Leonidaion'un önündeki sokakta bulduk. Kaybolmuş olsalardı, Kapros onları mutlaka arardı. Onun için başına mutlaka bir şey gelmiş olmalı."

Troilos kızarak, "Yok daha neler, sadece saklanmıştır. Korkmuştur ve eşyalara da artık ihtiyacı kalmamıştır! Bu yaptığı inanılır gibi değil!" dedi.

Hippias da babası gibi sinirlenmeye başlamıştı. Her şeyi neden yanlış anlıyordu? Her şeyi neden kendi isteğine göre şekillendiriyordu? Eupolis ve Diokles'in böyle yaptığı sürece onu ciddiye almadıklarını görmüyor muydu?

Diokles, "Kardeşin Leonidaion'da ne arıyordu?" diye sordu. "Eşyaları onun önündeki sokakta bulduğunuzu söyledin. Belki birini orada ziyaret etmeye gittiğinde eşyalarını kaybetmiştir ve hâlâ da oradadır."

Hippias, "Hayır. Onun oraya Xenophon'un gelip gelmediğini öğrenmeye gittiğinden eminim." dedi.

Troilos sinirlenerek, "Ne? Xenophon ha! Bunu biliyordum! Hatipler ve politikacılar? Gel de kızma şimdi, şu işe yaramaz yaşlı adam, oğlumu ve yarışma ruhunu yok etti!"

Eupolis kızarak, "Yeter artık Troilos!" diye sözünü kesti. "Xenophon bir aile dostumuz. Benim yanımda kimse onun hakkında böyle konuşamaz!"

Troilos bunun üzerine sustu ve Diokles, "Sonra ne olmuş? Kardeşin Xenophon'la karşılaşmış mı?" diye sordu.

Hippias, "Hayır," dedi ve yutkundu.

Pasion onun yerine cevap verdi. "Xenophon'la Kül Sunağı'nda karşılaştık ve konuştuk. Kapros'u görmemiş ve Leonidaion'a gelip onu sorduğunu da duymamış."

Diokles, "Ya, öyle mi? Bunların hepsi şanssız rastlantılar olabilir. Belki de Kapros yarışması nedeniyle dinlenmek istemiştir ve yarın stadyumda ortaya çıkacaktır. Kaçırılmış olduğuna inanmıyorum. Böyle bir şey bugüne kadar Olimpiya'da atletler arasında hiç görülmedi. Yarışmalardan önce rakiplerine karşı düşmanlıklar, kıskançlık ve hileler olmuştur ama birinin kaçırılması mı? Hayır, asla!" dedi.

Eupolis ısrarla, "Ben de senin gibi düşünüyorum. Katılımcıları bir aydır yakından gözetliyoruz. Aralarından bunu yapacak birini düşünemiyorum," dedi.

Troilos aniden, "Ama ben düşünüyorum. Kallippos akla gelebilecek her türlü kötülüğü yapar. Eskiden de hiçbir şeyden geri durmazdı. Ve temiz oğlu Kylon da aynı ona benziyor. İnanılır gibi değil!" dedi.

Çocuklar, Eupolis ve Diokles'in nasıl da kaşlarını çatarak birbirlerine baktıklarını fark ettiler.

Troilos kızmaya devam ediyordu. "Bu küstah, herkesin önünde oğluma korkak dedi. Kylon büyük bir atlet olabilir. Tamam, kabul ediyorum ama bu yaptığı sınırı aşıyor."

Eupolis sözünü keserek, "Sen de sınırı aşıyorsun, Troilos! Seni uyarıyorum. Olimpiyat andı içtin. Böyle konuşmaya devam edersen, sonucuna katlanırsın," dedi.

Bu sözler Troilos'u susturmuştu. En azından Kallippos'a karşı başka bir şey söylemedi. "İyi, o zaman, Eupolis! Ama sana sormak istiyorum, Kapros niye ortadan kayboluyor da onuru için savaşmıyor? Benim başta söylediğim gibi, bir korkak gibi saklandı. İnanın bana. Büyük bir hayal kırıklığı bu!"

Hippias, dehşet içinde babasına baktı. Kapros ve korkaklık? Babasının söylediğini kulakları duyuyor muydu? Birden arkasını döndü ve kıpkırmızı kesilen yüzüyle oradan uzaklaştı.

Troilos şaşkınlıkla, "Buna ne oldu ki şimdi?" diye sordu.

Pasion ve Nike de hemen Hippias'ın arkasından koştular. Yetişkinlerden hiçbiri onları alıkoymaya çalışmadı.

Hippias dışarıya çıktığında çevresinde insanların yarattığı coşkulu gürültüden rahatsız oldu. Şimdi düşünmek için acil olarak sakinliğe ihtiyacı vardı. Yalnız kalmak istiyordu. Hızlıca duvardaki kapıdan kutsal alana geçti, sonra da birçok Olimpiyat şampiyonunun heykellerinin ve Zeus adaklarının yanından yürüdü. Pasion ve Nike ona ancak Zeus Tapınağı önünde yetişebildiler.

Hippias gergin biçimde, "Zeus'a bakmak istiyorum. Hemen şimdi," dedi.

Nike şaşkın biçimde Pasion'a baktı, o da sadece omuzlarını oynatarak, "Tamam. Bunu istiyorsan hemen şimdi tapınağa girelim," dedi.

Nike, "İçeriye sadece rahipler girmiyor muydu?" diye sordu.

Pasion, "Oyunlar esnasında herkese açık galiba. İnsanların içeri girdiğini gördüm," diye cevap verdi.

Kocaman bir sütunun üzerinde duran Nike heykelinin hemen arkasında, yüksek basamaklardan oluşan bir yokuş vardı. Burası tapınak sütunlarının arkasındaki büyük bronz kapıya gidiyordu. Kapı da açıktı.

Çocuklar çok etkilenmişlerdi. Bulundukları yerden bütün Yunanistan'ın, en azından anlatılanlardan duyduğu, ünlü heykeltıraş Phidias'ın dünya harikası Zeus Tapınağı'nı görüyorlardı. Phidias bu heykeli yüz yıl önce Leonidaion'un bitişiğindeki atölyesinde yapmış ve tapınağa koymuştu.

Önce Hippias ön mekânı geçerek tapınağın içine girdi. Tapınak mangallarla aydınlatılıyordu ve titreyen ışıkta tanrı Zeus sanki canlı gibi görünüyordu. Zeus'un başındaki zeytin dallarından yapılmış taç neredeyse tapınağın tavanına değecekti. Sağ elinin üzerindeki kanatlı Zafer Tanrıçası Nike'nin küçük heykeli insan boyu kadar olmasına rağmen çok küçük görünüyordu. Zeus, sol elinde tepesinde efsanevi kartalın bulunduğu uzun bir asa tutuyordu. Saçları, elbisesi ve sandaletleri altından, vücudu parıldayan fildişinden ve gözleri de ışıldayan yumruk büyüklüğündeki değerli taşlardan yapılmıştı. Phidias, tanrının bir taraftan iktidarını ve gücünü, diğer taraftan da iyilikseverliğini bir yüz ifadesiyle insanlara bakarak göstermeyi başarmıştı.

Nike, "Tahtından kalktığını düşünebiliyor musunuz?" diye fısıldadı.

Pasion başını sallayarak, "Herhalde tapınak yıkılırdı," diye cevap verdi.

Hippias, ziyaretçilerin tapınak içinde daha ileriye gitmemesi için yapılan alçak duvara kadar ilerledi.

Ahşap ve fildişi eserlerin kurumaması için duvarın arkasında yağla dolu bir havuz vardı. Yağın içine tanrı Zeus'un görüntüsü yansıyordu.

Nike, Hippias'ın arkasından gitmek istedi ama Pasion ona engel oldu.

"Onu rahat bırak. Bir problem çözmeye çalışıyor."

Heykelin yaydığı güç Hippias'ı çok etkilemişti. Zeus'un dünyanın hâkimi ve tanrılar ile insanların babası olmak için çok savaştığını öğrenmişti. Zeus, titanları ve devleri yenmişti. Ancak böylece bulutların, şimşeklerin, gök gürlemesinin, günün, gecenin ve insanların kaderlerinin hâkimi olmuştu.

Cesaret! Bütün bunlar için cesaret ve kararlılık gerekirdi, tıpkı Kapros'ta olduğu gibi. Hippias iç çekti. Bu eski bir problemdi. O fazla korkaktı!

Biraz önce babasının Kapros hakkında öyle kötü konuşmasına niye izin vermişti? Çünkü kardeşi korkak da başarısız da değildi. Hatta Eupolis ve Diokles de kızgın Troilos'u ciddiye almamıştı ve her aklına geleni söylemeye başladığında onu susturmuşlardı.

Babası kendisini gülünç duruma mı düşürmüştü? Evet, bunu yapmıştı. Hippias bundan utanıyordu. Böyle yaparak sanki kendi boğazına ip bağlamıştı.

Bir şey söylemediği için belki de korkak sayılmazdı. Konuşsaydı her şeyi daha da batırabilirdi. Susmuş olması belki de daha zekice olmuştu.

Evet, konuşmaması daha doğru olmuştu. Troilos'a konuşmadan da öfkesiyle neye neden olduğunu gösterebilirdi. Babası her şeyi tersine çeviriyor ve doğru anlamıyordu. Kapros'a korkak diyordu ama Kapros onun için çok şey de yapıyordu.

Hippias yumruklarını sıktı. Sadece tek bir çıkış yolu vardı: Kapros'u bulmalıydı.

Kardeşi yarışı kazanabilir ve ona yapılan suçlamaların asılsız olduğunu kanıtlayabilirdi. Sadece böyle bir sonuç Troilos'u ikna edebilirdi.

Hippias son bir kez daha heykele baktı. Zeus'un gerçekleri sevdiği ve haksızlığı da cezalandırdığı söylenirdi. Ve her bir insandan hayatta haksızlık olmasın diye çaba göstermesini isterdi. Hippias tam da bunu yapmaya karar verdi. Ayrıca bundan sonra hiçbir şey için korkmamayı deneyecekti.

Omuzlarını dikleştirdi ve arkadaşlarına döndü. Pasion ve Nike ona hiçbir şey anlamıyor gibi bakıyorlardı. Hippias gülümseyerek onları rahatlattı.

Tekrar büyük bronz kapıdan geçerek dışarı çıktılar ve basamaklı yokuştan aşağıya yürüdüler. Kutsal alandaki gürültü azalmıştı. Akşam olmuştu ve ziyaretçiler yavaş yavaş konukevlerine ve çadırlarına doğru çekiliyorlardı.

Hippias derin nefes alarak, "Kapros'u bulmak için ne yapacağımızı biliyorum," dedi.

Pasion heyecanla, "Peki, ne yapacağız?" diye sordu.

"Olimpiya anısına hediyelik eşyayı hangi esnaftan almak istediğini bulacağız."

Nike, "Onu tamamen unutmuştum. Belki o esnaf bir şey görmüştür," diye bağırdı.

Pasion, "O zaman acele etmeliyiz. Birazdan karanlık olacak. Dükkânlar kapanmak üzeredir," dedi.

Çocuklar hemen yola koyuldular.

Çocuklar hangi esnafa gitmeli?

Olimpiya'nın Kehanet Merkezi

Ertesi sabah, oyunların ikinci gününde Olimpiya'da güneş o kadar güzel parıldıyordu ki, sanki kötü hiçbir şey olmamıştı. Ama çocuklar bütün gece gözlerini kırpmamışlardı. Antigone oğlu Kapros'tan dolayı çok üzgündü. Bir de Troilos öfkeli biçimde çadıra gelip, Kapros'u hiçbir yerde bulamadığını söyleyince ağlamaya başlamıştı. Bütün bunlara rağmen hepsi birlikte Kapros'un korktuğu için ortadan kaybolmadığını Troilos'a bir türlü anlatamadılar. Bunun üzerine Troilos öfke içinde oğlunun geri geldiği zaman orada olmak için tekrar sporcuların konakladığı yere gitti.

Hippias çok erken saatte arkadaşlarını kutsal alana gitmek için zorluyordu. Artık çok zamanları kalmamıştı. Birkaç saat sonra pentatlon yarışı başlayacaktı.

Hippias insanların kutsal alana akın ettiklerini görünce, "Hayır, olamaz," diye bağırdı.

İnsanlar, bir süre sonra at yarışının yapılacağı hipodroma gidecek tören alayını seyretmek istiyorlardı. Ama kutsal bölgede bu kadar insan varken Kapros'u nasıl bulacaklardı?

Pasion, "Artık bir şey yapamayız! Şu kalabalığa bakın! Birazdan da at ve arabalar geçecek buradan. Beklemek zorundayız artık. Herkes hipodroma girdikten sonra aramaya devam edebiliriz," dedi.

Hippias istemeyerek de olsa kabul etti.

O anda Leon atletlerin konaklama yerinden onlara doğru geliyordu. Dünkü halinden daha neşeli görünüyordu.

"Geçiş törenini seyredersiniz diye düşündüm. Sizi bu kadar hızlı bulduğum iyi oldu."

Hippias'ın endişelerinden ve Kapros'u bir an önce bulmaları gerektiğinden henüz haberi yoktu. Kendi yarışından sonra artık Olimpiya'yı gezip göreceği ve diğer spor dallarındaki yarışları keyifle izleyeceği için seviniyordu.

"Pasion! Nike! Bu taraf gelin!"

Arkalarını döndüler, Leonidaion'un sütunlu salonunun basamaklarında duran ve onlara el sallayan Xenophon'u gördüler. Hemen onun yanına gittiler. Şu an Kapros'u arayamadıklarına göre, en azından geçiş törenini en yakından izlemeleri çok güzel olurdu. Bundan daha iyi bir yer yoktu. Hippias'ın onlarla gitmesinden başka seçeneği yoktu, ama geçiş töreninin bir an önce bitmesini umuyordu.

Yarışma hakemlerinin önderliğinde geçit töreni başladı: atlılar, araba sürücüleri, atlar ve taylar ile onların sahipleri. Hepsine bir gün önce geçit töreni yapan atletlerden neredeyse daha fazla tezahürat yapılıyordu. Atların Yunanistan'da ayrı bir yeri vardı. Yetiştiricileri hayvanlarının Olimpiya'da yarışmasından büyük gurur duyuyorlardı.

"Ahhh!" diye bağırdı Xenophon. "Şunlara bakın! Atlardan daha güzel bir şey olamaz. Onları iyi yetiştirirseniz daha da güzelleşirler. Ne söylediğimi iyi biliyorum, inanın bana! Hatta Yunanlılar atlara nasıl davranılacağını öğrensinler diye de, deneyimlerimle bir kitap yazdım. Koşu atlarını olmayacak durumlara sokuyorlar. Bunu düşünebiliyor musunuz? Bu, hayvanların doğasına aykırıdır. Şu aygıra bakın!" dedi ve konuşmasını keserek önlerinden geçen çok güzel bir atı hayranlıkla gösterdi.

Pasion heyecanla, "Sence bunlardan hangisi kazanacak?" diye sordu. Xenophon'un hayranlığı bulaşıcıydı.

Sadece Hippias telaşlı biçimde bir bu ayağının bir öbür ayağının üzerine basıyordu. Keşke herkes hipodromda olsaydı ve onlar da Kapros'u arayabilselerdi!

Xenophon gülerek, "Elbette en iyi olan," diye cevapladı. "Ve atını en iyi yetiştiren. Atı öğrenmeyi severek sürdürsün diye her zaman ödüllendirmek gerekir. Bir at sürekli emir verilecek bir köle değildir, aksine bir arkadaştır. Karşıdakini görüyor musunuz? Binici atın boynunu nasıl da okşuyor.

İyi öğrenmiş. Atı ürkmüştü ve neredeyse kaçacaktı. Ama binici onu sakinleştirmeyi başardı ve şimdi de kızmak yerine onu ödüllendiriyor. Çalıştırıcı ve biniciler hiçbir zaman atlarına öfke göstermemeleri gerektiğini öğrenmek zorundadır. Hiçbir zaman onları bir şeye zorlamamalıdır. Eğer zorlarlarsa da asla başarılı olamazlar."

Hippias birden kendine geldi. Atların ve insanların hislerinin çok benzer olduğunu düşündü. Ne atlar, ne de insanlar yapamadıkları bir şeyden dolayı karşısındakinin öfkesine katlanmak isterdi. *Babam şimdi burada olmalıydı,* diye düşündü. *Belki Xenophon'dan bir şeyler öğrenebilirdi.*

Araba sürücüleri atlıların arkasından ortaya çıktıklarında, seyirciler iyice coştu. Araba yarışları için tezahürat yapıyorlardı, çünkü muhteşem bir görüntü onları bekliyordu: her bir arabada on koşumlu dört at gümbürdeyen sesleriyle yarış alanında koşuyordu. Araba sürücüleri ustalıklarını özellikle sollamalarda ve yarış alanının doğusundaki dönüşlerde gösteriyorlardı.

Xenophon hayranlıkla, "Tıpkı Olimpiya'nın ilk araba sürücüsü Pelops gibi!" dedi. "Onun mezarı burada Zeus Tapınağı'nın arkasındaki Pelopion'dadır. Kazandığı yarıştan sonra karısı Hippodameia'yı ödül olarak kazandı. Başarısını, Denizler Tanrısı Poseidon'un, gelecekteki kayınbabası Oinomaos'a karşı yarışta ona verdiği kanatlı atlara borçluydu.

Ama bu çok eski bir öyküdür ve üzerinden çok zaman geçti."

Hippias, artık Xenophon'un anlattıklarını takip edemiyordu. Sabırsızlıkla son araba sürücüsünün geçmesini ve sonra da seyircilerin onların arkasından hipodroma doğru gitmelerini bekliyordu.

Xenophon birden, "Kapros'u bulabildiniz mi?" diye sordu. "Yoksa kendiliğinden mi geldi?"

Hippias üzgüntüyle başını iki yana salladı.

Leon merak içinde çocuklara bakıyordu. "Kapros nerede ki? Bildiğim kadarıyla bugün Kylon'un karşısına çıkacak."

Nike, ona olanları anlatmaya başladı.

Hippias ve Pasion da Xenophon'a dün neler olduğunu anlattılar.

Hippias, "Sonra da Zeus heykelciği satan esnafa sorduk," diyerek bitirdi. "Esnaf gerçekten de Kapros'u hatırladı."

"Evet," diye onayladı Pasion. "Kapros, heykelciği satın aldıktan kısa süre sonra Leonidaion'da bir tartışma çıkmış. Satıcı kimin tartıştığı olduğunu görememiş, çünkü sergisi kutsal alanın duvarının tam önündeymiş."

Hippias, "Belki de Kapros o tartışmanın içinde kalmıştı. Ve o esnada da belki kaçırıldı!" diye ekledi.

Xenophon anlatılanları dinledi, sonra da başını salladı.

"Bakın, ben burada çok şey yaşadım. Altis'te yirmi yıl önce bir savaş bile oldu. Eleer halkı bu kutsal mekânı Arkadlardan geri almak istiyorlardı. Oyunlar devam ederken silahlarıyla buraya geldiler. İki bin atlı ve Atinalı dört yüz yaya savaşçı onlara yardım etti. Hatta kutsal bölgede de savaştılar, tapınağın çatısında ok ve taş fırlatıcıları vardı. Olimpiya'da savaş vardı, hem de oyunlar esnasında. Ama burada birinin kaçırıldığını hiç görmedim. Bu duyulmuş bir şey değil!"

Hippias telaşlanarak, "O zaman Kapros'a ne oldu? Benim kardeşim asla korkakça saklanmaz," dedi.

Xenophon şaşkınlıkla, "Bunu nereden çıkardın?" diye sordu.

"Bunu babam söylüyor. Ve bundan asla vazgeçmeyecek, eğer..."

Xenophon, "Eğer Kapros ortaya çıkar ve yarışırsa," diyerek cümlesini tamamladı. "Evet, böyle insanlar tanıyorum. Onları ikna etmek zordur. İnanmadan önce her şeyi görmek isterler."

Hippias çaresiz biçimde, "Peki, şimdi ne yapmalıyız? Onu nerede arayalım?" diye sordu.

Xenophon bastonunun üzerine yaslandı ve düşünmeye başladı. Sonra da, "Bir kâhine ne dersiniz?" diye sordu. "Başka çare kalmadıysa, kâhin işe yarar. Ama ona doğru soruyu sormak gerek. Bana bunu Delphi'den döndüğümde öğretmenim Sokrates söylemişti. Yanlış soru sorduğumu söylemişti, üstelik bununla nasıl baş edeceğimi de bilmeliymişim. Size de anlattığım gibi, o sefer ki iyi sonuçlanmıştı. Ama kâhinlerde bu her zaman belli olmaz. Peki, ne düşünüyorsunuz bu konuda?"

Çocuklar birbirlerine baktılar. Bu hiç yoktan iyiydi! Belki kâhin onları bekledikleriden daha erken doğru ize yöneltirdi. Ama Teisamenos'un tuhaf bakışını, "Uğursuzluk geliyor!" cümlesini de hiç hatırlamak istemiyorlardı.

Bu kehanet biraz tuhaf ve anlaşılmazdı ama ne anlama geliyordu?

Hippias, Xenophon'a şüpheyle bakarak, "Ama Teisamenos o kadar gizemli ki..." dedi.

Xenophon, "Teisamenos en iyisi. Bunu size dün de söyledim. Ona gidebilirsiniz. Eğer isterse, size yardım eder. Ama unutmayın! Ona doğru soruyu sormalısınız!"

Leon, "Ben de sizinle gelebilir miyim?" diye sordu. "Belki size bir yardımım dokunur."

Hippias, "Elbette gelebilirsin. Bir ipucu bulabilirsek, herkesin yardımı gerekebilir," diye cevap verdi.

Çocuklar hemen Xenophon'la vedalaştılar. Sonra da Leonidaion'un yanından, duvar kapısından ve kutsal alanın etrafından geçerek Zeus Tapınağı'nın arkasındaki Kül Sunağı'na yürüdüler. Xenophon, çocuklara Teisamenos'u orada bulabileceklerini söylemişti.

Olympiya'nın kâhinleri çok ünlüydü. Savaşlarda da komutanlara eşlik ederlerdi. Savaş hakkında kehanette bulunur, fikirlerini söylerlerdi. Kâhinler, Olimpiya'da daha çok Yunanistan'ın en büyük sunağı olan Zeus'un Kül Sunağı'nda bulunuyorlardı. İnsanların sorularına sunağın küllerine bakarak cevap veriyorlardı.

Kül yığını yüzyıllar içinde bir ev yüksekliğine ulaşmıştı. Olimpiya'nın rahipleri oyunların yapıldığı günlerin dışında da her gün Zeus'a adak sunuyorlardı. Kâhinler bir yıl içinde toplanan kurban küllerini Alpheios nehrinin suyuyla karıştırıp bununla sunağı sıvadıkları için, sunak iyice yükselmiş ve neredeyse taşlaşmıştı. Basamaklar külün içine oyulmuştu ve sunağın tepesine kadar ulaşıyordu. Böylece de tepeye yeni kurbanlar ulaştırılabiliyordu.

Çocuklar geldiğinde, Teisamenos sunağın tepesindeydi ve son bir kez tepenin sağlamlığını kontrol ediyordu. Çünkü yarın oyunlar esnasında büyük Zeus adağı sunulacaktı. Tanrıyı kızdırmamak için hiçbir şey ters gitmemeliydi.

Çocuklar yukarıdaki Teisamenos'a bağırmak istemiyorlardı, bu nedenle sunağın tepesine doğru çıkmaya başladılar. Danışma almak isteyenlere bu serbestti. Ama daha Nike birinci basamağa adım atar atmaz, Teisamenos emredercesine, "Dur!" diye bağırdı.

Nike korkarak geri çekildi ve şaşkınlık içinde basamaklardan aşağıya doğru inen Teisamenos'a baktı.

Tam önlerine geldiğinde, "Kadın ve kızların sunağın küllerine basması yasaktır. Bu taştan ileriye geçemezsin!" dedi.

Nike başını eğdi. Sessiz ve görünmez olmak dışında başka yapabileceği bir şey var mıydı burada? İçinden neredeyse bir erkek çocuk olmayı dileyecekti.

Pasion, eliyle Nike'ye dokunarak moral vermeye çalıştı ve Teimamenos'a, "Bunu bilmiyordu. Bir şey de olmadı zaten," dedi.

Kâhin, "Hımm." diye mırıldanarak, "Beni neden arıyorsunuz?" diye sordu.

Hippias, "Bizi Xenophon gönderdi," diye cevap verdi. "Bir sorunun cevabını arıyoruz." Hippias hâlâ ne olacağından emin değildi. Ya Teisamenos'un da vereceği bir cevap yoksa, o zaman kime başvuracaklardı? Pentatlon kısa zaman sonra başlayacaktı ve Kapros'u nerede arayacaklarını hâlâ bilmiyorlardı.

Teisamenos bir gün önce yaptığı gibi Hippias'a uzun uzun baktı. Ama bu kez Hippias titremedi.

Teisaenos sonunda, "Ne soracağını tahmin edebiliyorum. Sen hâlâ ağabeyini arıyorsun. Sana bir şans vereceğim. Soracağın soruyu iyice düşündün mü?" dedi.

Hippias başını salladı ama aklı hâlâ karışıktı. Ne sormalıydı? Her şeyden önce, soruyu nasıl sormalıydı?

"Benimle gelin, burası çok kalabalık. Bir kâhin her zaman sakin bir yere ihtiyaç duyar."

Teisamenos, çocukları önce birçok heykel ve Zeus adağının yanından, sonra sütunlu küçük bir salondan geçirerek, Olimpiya'nın en eski kutsal mekânı olan Pelopion'un çevre duvarına kadar götürdü. Burada da gölgede akçakavaktan yapılmış heykeller ve ilk araba sürücüsü olan Pelop'un mezarı vardı. Akçakavak ağacı Olimpiya'da kutsal sayılıyordu.

Teisamenos bir ağacın gölgesine oturdu ve çocuklara da yanına oturmalarını söyledi. Küçük bir torbanın içinden akçakavak ağacının kabuklarından yapılmış minik kareler çıkardı. Her birinin üzerinde ayrı ayrı harfler çizilmişti.

Hippias'a dönerek, "Bana nasıl bir soru sormak istiyorsun? Ama unutma! Sadece tek soru hakkın var," dedi.

Hippias, Teisamenos'un elindeki kabuklara baktı. Xenophon onu haklı olarak uyarmıştı. Çok şeyi merak edip de sadece tek soru hakkınız varsa, doğru sözcükleri bulmak gerçekten de çok zordu. Kapros neredeydi? Başına ne gelmişti? Neden ortadan kaybolmuştu? Kaçırılmış mıydı? Onu nereye götürmüşlerdi?

Kararlı biçimde, "Kapros'u kim kaçırdı?" diye sordu.

Diğer çocuklar şaşkınlıkla önce Hippias'a sonra da kâhine baktılar.

Teisamenos takdirle Hippias'a baktı. Gözlerini kapadı ve kabukları avucunun içinde yavaşça salladı. Sonra da hepsini önüne doğru yere döktü. Bazılarının arka yüzleri görünüyordu. Geri kalanlar bir sözcük oluşturuyordu. Çocuklar kabukların üzerine doğru eğildiler.

Aşağıdaki harflerden acaba hangi sözcük oluşur?

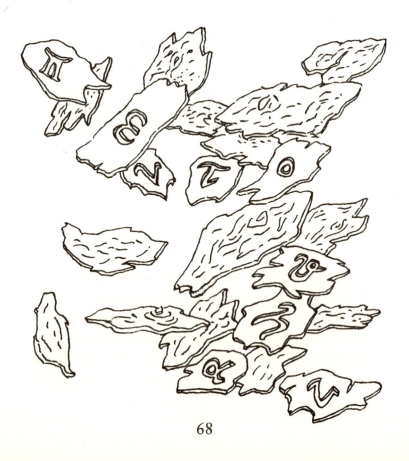

Hamamdaki Ajan

Pasion, yerdeki kabukları inceledikten sonra, "Bunun anlamı ne şimdi?" diye sordu.

Kız kardeşi sabırsızca, "Görüyorsun işte!" diye cevap verdi. Nike, annesi ona okuma ve yazma öğrettiği için bir kez daha seviniyordu. Bu şansa her kız çocuğu sahip değildi, çünkü herkesin annesi de okuma yazma bilmiyordu. Ayrıca, her baba da kızı için bir öğretmen tutmuyordu, hatta çoğu istese de tutamazdı.

Erkek çocukların eğitimi zaten pahalıydı. Önce onlara bir köle satın alınmak zorundaydı. Bu köleye pedagog, yani çocuk rehberi deniliyordu. Görevi de, erkek çocuğunu okula veya öğretmenin evine götürüp getirmek ve yeterince öğrenip öğrenmediğine göz kulak olmaktı. Yeterince öğrenmediğinde de, öğrenciyi cezalandırabiliyordu. Böyle bakıldığında, aslında Nike sabahtan akşama kadar okulda olmadığı ve annesinin yanında kaldığı için mutluydu.

"İyice bak! Çok açık olarak 'Pentatlon' yazıyor işte."

Hippias heyecanla sözcüğe baktı. Yani sorusunun cevabı bu muydu? Teisamenos'a yardım istercesine baktı. O da sadece omuzlarını oynatıyordu.

Birden ciddileşerek, "Kehanetler öyle doğrudan anlaşılmaz. Onları önce yorumlamak lazım. Ondan sonra anlamlı hale gelirler. Bunu da ancak sen kendin yapabilirsin," dedi.

Kâhin, sonra kabukları torbasının içine koydu ve ayağa kalkarak çocukları Pelopion'dan çıkarmak için yol gösterdi. Ayrılırken başka bir şey söylemeden tekrar Hippias'a bakarak, "Sana bol şans dilerim," dedi ve sunağa geri döndü.

Tekrar yalnız kaldıklarında Pasion, "Ben biraz önce başka bir şey söylemek istedim. Kehanette neden 'pentatlon' çıktı? Bunu biz de biliyoruz zaten. Kapros bir pentatlon yarışçısı," dedi.

Nike bunun üzerine, "Ama bu belki de işin içinde bir başka pentatloncunun olduğu anlamına geliyordur," dedi.

Pasion, "Elbette Kallippos. Bunu da biliyoruz," dedi.

Nike, "Tam değil. Sadece öyle tahmin ediyoruz. Elimizde kanıtımız yok ki. Belki işin içinde başka birisi vardır," diye yanıt verdi.

Hippias, "Ama hep aynı yerde takılıp kalıyoruz. Biraz önce sorduğun soruyu hatırla. Verilen cevapla şimdi biz ne yapmalıyız?" dedi.

Leon söz aldı. "Sen aslında Kapros'u kim kaçırdı diye sordun. Ben bunu çok zekice buldum, çünkü aslında içinde iki soru var."

Nike şaşırarak, "Nasıl yani?" diye sordu.

Leon, "Hippias kehaneti sorduğunda, ne Kapros'un kaçırılıp kaçırılmadığını, ne de kimin kaçırdığını biliyordu. Sadece öyle düşünerek sordu. Ama Hippias'ın sorduğu gibi yaparsan, iki iddianın da doğru olduğunu düşünürsün. Eğer kehanet sana anlamlı bir cevap verirse de, o zaman iddialarının bir anlamı olabilir. Kapros kaçırıldı ve Kapros'u biri kaçırdı iddiaları o zaman doğru olmalı. Aksi olsaydı, kehanet 'pentatlon' diye cevap vermezdi. Hippias, sen tam doğru soruyu sordun," diye açıkladı.

Çocuklar ağızları açık, hayretle Leon'a bakıyorlardı.

Pasion, "Sen bunu nereden öğrendin?" diye sordu.

"Aristoteles'ten. Buna mantık denir."

Nike, "O da kim?" dedi.

"Bir filozof. Bize Atina'da Lykaion'un giriş salonlarında ders veriyor. Benim antrenman yaptığım alanda yani. Zaman bulduğumda ve pedagogum görmediğinde onu dinlemek için kaçıyorum. Çok heyecanlı oluyor."

Hippias bir daha düşünerek, "Söylediklerin doğru ise, o zaman kehanet çok açık bir cevap vermiş demektir. Üstelik bizim tahmin ettiğimiz her şeyi de onayladı, değil mi?" dedi.

Pasion, "Ve bütün bunlar, bizim sadece pentatloncuları araştıracağımız anlamına geliyor," diye ekledi.

Leon, "Evet, doğru," dedi.

Nike, "Peki, bunu nasıl yapacağız?" diye sordu.

Pasion, "Çok basit. Şimdi stadyuma gideceğiz ve pentatlonu seyredeceğiz. Yetişebilirsek tabii..." diye cevap verdi.

Hippias, "Hadi, acele edin!" dedi ve hemen koşmaya başladı. "Kehanete rağmen, belki de Kapros yarışmaya katılır ve her şey yoluna girer. Eğer orada değilse..." dedikten sonra cümleyi bitirmeye cesaret edemedi.

Kül sunağının ve içinde değerli adakların bulunduğu farklı şehirlerin hazine binalarının önünden geçtiler. Hazine binaları bir yükseltideki terasın üzerindeydi. Buradaki basamaklar yarınki Zeus adağı töreninde seyirciler tarafından bir tribün gibi doldurulacaktı.

Tam zamanında gelmişlerdi. Onlar hakem tribününün yakınlarında bir yer bulduklarında, pentatlon yarışmacıları da stadyuma giriyorlardı.

Hippias umutla bakmasına rağmen, Kapros'u hiçbir yerde göremedi. Troilos tünelden göründüğünde de, Hippias heyecanla ayağa fırladı. Ama Troilos yalnız yürüyordu, Kapros yanında değildi. Troilos hakemlerle konuştu ve sonra da başını eğerek tekrar dışarı çıktı. Herhalde hakemlere Kapros'un gelemeyeceğini söylemişti. Hippias üzülerek arkasından baktı.

Diğer üç arkadaş çoktan Kylon'a odaklanmışlardı. Onda şüphelenecek bir durum var mıydı?

Eupolis işaret ettiğinde, pentatlon yarışı disk atma ile başladı.

Yarışmaya Korint Denizi kıyısındaki Sikyon'dan gelen Timanthes başladı. Elinde bronzdan yapılmış ve parıldayan bir disk tutuyordu. Odaklanmış biçimde atış çizgisine yaklaştı ve diski sağ dirseğinin altına gelecek biçimde eline yerleştirdi. Kolunu önce öne doğru, sonra da belinden geriye doğru uzattı ve aynı zamanda vücudunun yarısını da arkaya doğru çevirdi. Daha sonra vücudunu ve kolunu birkaç kez sallayarak diski fırlattı. Diski istediği gibi atamadı. Disk elinden kayıp gitti, havada biraz yalpalayarak yere düştü.

Kötü bir atış olmuştu. Seyirciler homurdandı. Çocuklar da karşı tarafta atışla alay edercesine sırıtan Kylon'a bakıyorlardı.

Atletler arka arkaya demirden, kurşundan veya bronzdan yapılmış diskleri ile atışlarını yapmaya başladılar. Ama hiçbiri asgari doksan Olimpik adım olan hedefe yaklaşamadı bile. Yarışmacılar o kadar kötüydü ki, attıkları disklerin pist dışına çıkıp seyircilerin bulunduğu yere düşmemesinden mutlu olabilirlerdi. Çünkü böyle durumlar yaşanıyordu.

Son olarak Kylon çizgiye geldi.

Güçlü ve yumuşak tek bir hareketle bronz diskini fırlattı. Hakem doksan sekiz adım diye işaret etti. Seyirciler yerlerinde duramıyorlardı.

Her atletin beş deneme hakkı vardı. Ama hiçbiri Kylon'un ilk atışındaki uzaklığa ulaşamadı. Böylece Kylon büyük başarısının ilk adımını atmış oldu.

Hippias heyecanlanarak, "Keşke Kapros burada olsaydı! Kylon'un hiç şansı olmazdı," dedi.

Pasion, "Şimdi de sıra cirit atmada. Belki bunda o kadar iyi değildir," diye karşılık verdi.

İlk ciritçi çizgiye yaklaştı. Gelen Kylon'du.

Pentatlonda mücadele ve savaş ile en yakından ilgili oyun, cirit atmaydı. Okulda verilen spor eğitimi de, genç erkeklerin savaşlarda güçlü ve yetenekli savaşçılar olarak kendilerini savunmaları için tasarlanmıştı. Öğrenciler hızlı koşmayı ve engellerden atlamayı, boks ve güreş yapmayı, öncelikle de at binmeyi ve cirit atmayı öğreniyorlardı, çünkü at üzerindeyken düşmanı öldürmek için de ciridi iyi kullanmak çok önemliydi. Ve Olimpiya'daki düzenli yarışmalar da barışçıl gücün ölçülmesine hizmet ediyordu.

Kylon ciridin ortasını deri bir kemerle sardı, sonra da kemerin sonundaki düğümü ve ciridi birlikte kavradı. Hızlanmaya başladı ve sınır çizgisine gelince ciridi ileri fırlattı. Aslında ciridi fırlattıktan sonra deri kemer çözülüp yere düşmeliydi, böylece havada daha kolay süzülerek daha uzağa düşebilirdi. Ama bu kez öyle olmadı. Çocuklar heyecanla Kylon'un ilk başarısızlığını seyrediyorlardı. Cirit havada uçacağına yere doğru inerek Kylon'un elindeki deri kemerin yanına düştü.

Hippias heyecanla Leon, Pasion ve Nike'ye dönerek, "Onun her şeyi başaracağını düşünüyordum," dedi.

Leon, "Acele etme. Beş deneme hakkı var," diye yanıt verdi.

Leon haklıydı. Kylon'un başına gelen diğer atletlerin bazılarına da oldu. Onların da atışları iyi değildi ama sonunda en başarılı atış yine Kylon'dan geldi. İki yüz yetmiş adım, muhteşem bir mesafe.

Pasion, "Bugün burada neler oluyor böyle? Niye herkes bu kadar kötü?" diye sordu.

Leon, "Hepsi de çok aptalca ve acemice hatalar yapıyor," dedi.

Eupolis ayağa kalktı ve pentatlonun üç hakemine herkesin beklediği işareti verdi. Yarışma durduruldu. Kylon üç yarışma sonunda şampiyon ilan edildi. Pentatlonu kazanmak için artık koşu ve güreş yarışmalarını kazanmasına gerek kalmamıştı.

Seyircilerde inanılmaz bir coşku oluştu. Kylon başarmıştı. Üç büyük yarışmayı da arka arkaya kazanarak 'Periodonikes' unvanını elde etmişti. Büyük bir mutlulukla seyirciye el sallıyordu. Stadyumda bir tur atarak kutlama yaptı.

O, turunu atıp şampiyonluğunun tadını çıkarırken çocuklar ona bakmak istemiyorlardı. Hayal kırıklığı içinde stadyumdan çıktılar ve Buleuterion önündeki meydana geldiler.

Hippias yumruklarını sıkarak, "Bunda mutlaka bir pislik var," dedi.

Nike de, "Hem de nasıl bir pislik. Diğerleri niye daha iyi mücadele etmedi ki? Hem de Olimpiya'da!" dedi.

Pasion, "Belki de Kylon'un elde edeceği Periodonikes şampiyonluğunu berbat etmek istememişlerdir dedi alçak sesle.

Leon, "Buna sen de inanmıyorsun," diye cevap verdi. "Benim grubumda böyle biri olsa, daha iyi koşmak için her şeyi yapardım. Böyle biri insanı çileden çıkarır!"

Hippias, "İşte, Kapros da tam bunu yapardı. O olsaydı Kylon'u yenerdi. Hem de çok kolay olurdu," dedi.

Nike, "Buradan pis kokular yükseliyor. Neler olduğunu bulmalıyız," dedi.

Hippias, "Ama nasıl?" diye sordu. Bu yarışmadan sonra Kapros'un burada kazanmasının ne kadar da önemli olduğunu anlamıştı. Hayal kırıklığına uğramıştı ve tartışmaların bitmesini ne kadar da çok istiyordu. Tüm ailesi için kızgındı. Farklı nedenlerle de olsa, Troilos ve Kapros da kazanmayı umuyorlardı. Şimdi her şeye tekrar baştan başlamak zorunda kalacaklardı çünkü Troilos intikam planlarından vazgeçmeyecekti. Babası neredeydi? Hiçbir yerde görünmüyordu.

Pasion çaresizce, "pentatloncularla öyle durduk yere de böyle bir şey soramayız ki!" dedi.

Leon, "Elbette öyle olmaz. Ama başka bir yol deneyebiliriz," diye karşılık verdi.

Nike sabırsızlanarak, "Peki, nasıl?" diye sordu. "Olayı daha da gerginleştirmeyin!"

Leon, "Belki de hamamda. Atletler oradayken yarışmalar hakkında gülüşmeler ve şakalaşmalar olur. Orada bir şeyler öğrenebiliriz."

Hippias, "Ama oraya girmemiz yasak. Nasıl olacak bu?"

Leon, "Bu doğru. Gymnasion'daki hamama sadece sporcular girebilir..." dedi.

Nike araya girerek, "Sen de atletsin," dedi ve Leon'un nereye ulaşmak istediğini anladı.

Leon, "Tam da bunu kastediyorum. İsterseniz hamamda bir yerde saklanıp onları gizlice dinleyebilirim," dedi.

Bu çok iyi bir fikirdi! Çocuklar Leon'un omuzuna vurdular, ama acele etmeliydi, çünkü pentatloncular tünelden çıkmaya başlamışlardı.

Leon boşuna koşu yarışlarına katılmıyordu. Kalabalığın arasında şimşek gibi kayboldu. Güney salonundan ve Leonidaion'un yanından geçerek

Phidias'ın atölyesinin arkasına, sporcuların hamamlarının olduğu yere kadar koştu.

Hamamda sporcuların soyunup giyindiği birçok oda vardı. Sporcular burada vücutlarındaki yağ ve kumu kazıyor veya oturaklı küvetlerin içine giriyorlardı. Köleler sıcak su döküp onları stadyum tozundan ve terden temizliyorlardı. Atletler kaslarını gevşetmek için sonra da isterlerse yüzme havuzuna veya buhar banyosuna girebiliyorlardı.

Leon burayı iyi biliyordu. Küvetlerin olduğu odaya girdi. Küvetler yere oyulduğu için buraya saklanamazdı. Hemen etrafına bakındı. Kölelerin ateşte su kaynattıkları yerde bronz kazanlar, uzun ve geniş birçok toprak fıçı vardı. Bunlar saklanmak için yeterliydi. Leon bunların hepsinin aynı anda kullanılmadığını biliyordu. Hemen uzun zamandır kullanılmadıkları belli olan tozlu fıçıların arkasına saklandı. Burası uygun bir yerdi, çünkü fıçının kıvrımından küvetleri bile görebiliyordu.

İçeri birkaç köle girdi. Omuzlarının üzerinde su dolu amforaların asılı olduğu boyunduruklar vardı. Birbirlerine yardım ederek amforalardaki suyu ateşin üzerindeki bronz kazanlara döküyorlardı. Aralarından biri topallıyordu. Herhalde Asklepios'un kölesiydi çünkü diğer bir köle ona, "Sosias! Asklepios niye daha iyi yarışmadı ki? Bir acemi gibi yarıştığını söylüyorlar," diye takıldı.

Sosias, "Benim efendim hakkında kötü konuşamazsın!" diyerek sinirlendi. "Kendince nedenleri vardır," dedi ve sonra da onlara aldırış etmeden topallayarak odadan çıktı.

Leon heyecanla dinliyordu. İlk ipucu gelmişti! Bunu tahmin ediyordu. Hamamın ön odasında gürültüler artınca, Leon fıçıların arkasına iyice saklandı. Geliyorlardı! Onu asla görmemeleri gerekiyordu!

Pentatloncular gülüşmeler eşliğinde küvetlerin olduğu yere girdiler. Yarışı kaybetmelerine rağmen neşe içindeydiler.

Asklepios küvete otururken, "Sosias!" diye seslendi. "Sıcak su getir! Nerede bu herif?"

Sosias geri geldi ve Leon'un arkasında saklandığı fıçılardan birini alarak büyük bronz kazandan su doldurmaya gitti. Leon nefesini tuttu. Ama Sosias onun bulunduğu yere bakmıyordu.

Sosias, sırtından sıcak suyu döktüğünde Asklepios, "Ohhh! Çok iyi geldi," diye bağırdı.

Diğer bir atlet, "Evet," dedi ve bir sünger ile bacaklarını ovalamaya başladı. "Yarışlar bitince daha da iyi geldi. Tam bir komediydi."

Üçüncü bir atlet, "Asklepios uzun atlayışıyla seni epey korkuttu, öyle değil mi Kylon?" diye bağırdı. "Sen daha ileriye atladın ama şanslıydın."

Kylon, "Bu şans değildi, bu ustalıktı!" diyerek güldü. "İstersen babama sor, o sana anlatır."

Diğer bir atlet, "Asklepios, bunu bilerek mi yaptın?" diye sordu.

Asklepios, "Evet, elbette," dedi. "Ben iyi bir atletim ve biraz gerginlik de fena olmazdı. Ama bazen kaybedenler de kazanır, özellikle Atina'nın saygınlığı söz konusu ise."

Bunun üzerine coşkulu gülüşmeler oldu.

İşte buydu! Leon da saklandığı yerde içten içe gülüyordu. Bu her şeyin kanıtıydı.

Asklepios ne demek istemişti ve kimi ima etmişti?

Zeus İçin Ziyafet

Hippias, Pasion ve Nike, Leon'un geri dönmesi için uzun süre beklemek zorunda kaldılar. Leonidaion'un önünde buluşmak üzere sözleşmişlerdi ama Leon ancak güneş batmak üzereyken tuhaf biçimde topallayarak geldi.

Yanlarına geldiğinde, "Oh be!" dedi. "Ayakta duracak halim kalmadı. Testilerin arkasında saklanmaktan her tarafım kasıldı."

"Hangi testiler?"
"Bu kadar süre neredeydin?"
"Bir şey bulabildin mi?"

Leon, üçünü de gülümseyerek Leonidaion'un sütunlu salonuna götürdü. Burada fazla kalabalık yoktu ve o da başından geçenleri anlatmaya başladı.

"Saatlerce hamamdaki küvetlerde uzandılar ve sonunda birisi yüzme havuzuna gitmelerini önerdi. Sonra hepsi birlikte havuza gittiler ve ben de ancak son köle çıkınca oradan ayrılabildim."

Hippias telaşla, "Peki, bir şey bulabildin mi?" diye sordu.

Leon, bir başarı elde etmiş gibi gülümsedi. "Bundan emin olabilirsin. Dinle bak!" Hızlıca ve alçak sesle, pentatloncuların kendi aralarında yaptıkları konuşmaları anlattı. "Ve Asklepios 'Bazen kaybedenler de kazançlı çıkar, hele hele Atina'nın saygınlığı söz konusuysa' dediğinde, durumu çözdüm."

Pasion, "Bu söylediklerin rüşvet anlamına geliyor," dedi.

Hippias dehşet içinde, "Kallippos hepsini satın almış," diye fısıldadı.

Leon başını salladı ama sadece Nike'nin yüzünde belirsizlik vardı. "Niye Kallippos?

Leon, "Çünkü söz konusu olan Atina'nın saygınlığıdır. Ve Kallippos ile oğlu pentatlona katılan tek Atinalılardır."

Nike, "Peki, şimdi ne olacak? Babam bize asla inanmaz. Rüşvet! Hiçbir atlet böyle bir şey yapmaz!" dedi endişeyle.

Pasion, "Bunları ona zaten anlatamayız ki," diye yanıt verdi. "Elimizde Leon'un söyledikleri dışında bir kanıt yok. Bize kanıt gerekli!"

Hippias heyecanla, "Konuşmalıyız. Gelin çadırların oraya gidelim. Orası daha sakin," dedi.

Çocuklar nehir kenarındaki çadırlara doğru yürüdüler. Çadırlara geldiklerinde, onları bir sürpriz bekliyordu. Argos mutlu bir biçimde Hippias'ın çadırının önünde yatıyordu. Çocukların geldiğini görünce de sevinçle başını kaldırdı.

Hippias hızla ona doğru koştu.

Mutlulukla, "Sen burada ne yapıyorsun?" diye seslendi.

Argos, her zaman yaptığı gibi ön ayaklarını kaldırarak huzurlu biçimde Hippias'in ellerini yalamaya başladı. Hippias da ona gülerek elini çekti.

Antigone, Hippias'ın sesini duyunca hızlıca çadırın önüne çıktı ve, "Kapros?" diye bağırdı. Ama gelenin büyük oğlu değil de Argos olduğunu görünce hayal kırıklığına uğradı.

"Bugün öğleden sonra topallaya topallaya buraya kadar geldi. Şimdi daha iyi. Sensiz kalamadı demek, üstelik bütün yolu yalnız başına yürümüş."

Hippias, Argos'un yanına çöktü ve gülümseyerek köpeğinin kulaklarını okşadı.

Antigone, "Kapros'a ne oldu?" diye sordu. "Çok tasalanıyorum. Troilos da gelmedi buraya. Pentatlon çoktan bitmiş olmalı. Kapros stadyuma geldi mi?" Konuşurken sesi titriyordu.

Rhea da koşarak yanlarına geldi. "Onu buldunuz mu?"

Hippias başını iki yana salladı ve ayağa kalktı. "Ama yeni bir şey bulduk. Şimdi ne yapmamız gerektiğini konuşmalıyız."

Antigone, "Hadi o zaman hepiniz buraya ateşin yanına oturun ve anlatın!"

Hemen kölesine işaret etti ve o da çocukların önüne ekmek, zeytin ve meyve koymaya başladı. Hatta ateşin üzerinde pişirilmiş balık getirdi. Çok acıkmış olan çocuklar yemeklere saldırdılar. Yemek yerken anlattıkları, Antigone'yi daha da telaşlandırıyordu.

"Ailenin Tanrıçası Hera onu korusun!" dedi. "Başına bir şey geldi de, acaba bir yerde mi kaldı? Yoksa birisi ona zarar mı verdi? İnsanın aklına her şey geliyor." Korku içinde ellerini yüzüne kapattı.

Rhea, "Böyle bir şeyi Kallippos'un yapabileceğine inanmıyorum," dedi ve Antigone'ye sarıldı. "Anlattıklarınızı doğru anladıysam, Kallippos belki bir suçlu ama katil olamaz. Bir Olimpiyat şampiyonluğu için değer mi? Lütfen!"

Leon, "Ben de inanmıyorum," dedi. "Ama rüşvet vermiş olduğuna inanırım. Çok parası var, atletleri satın alabilecek gücü var."

Pasion, "Sonuçta Kapros da diğer pentatlon yarışçıları gibi Kallippos tarafından satın alınmış olmalı," dedi.

Hippias sinirlenerek, "Sen delirdin mi! Benim kardeşim rüşvet almaz!" dedi.

Antigone birden başını kaldırdı. "Belki de aradığımız ipucu bu: Belki de onu rüşvet almayacağı için ortadan kaldırdılar. Ah yavrum benim, neredesin?" dedikten sonra da ağlamaya başladı.

Leon düşünceli biçimde ateşe bakıyordu. Bir süre sonra da yavaşça, "Bu iyi bir fikir!" dedi.

Antigone, "Ne?" dedi ve yüzündeki gözyaşlarını sildi. "Onu ortadan kaldırdılar mı diyorsun? Sen delirdin mi?"

"Hayır. Söyleneni yapmak istemediği için belki onu bir yerde hapis tutuyorlardır. Onları ele vermezdi belki ama yarışmayı kazanmaya da çalışırdı."

Hippias heyecanlanarak, "Mutlaka kazanmaya çalışırdı. Ve de kazanırdı," dedi.

Sonunda Kapros'un neden ortadan kaybolduğu hakkında elle tutulur bir neden bulmuşlardı. Hippias ağabeyini iyi tanıyordu ve mutlaka da öyle olmuştur diye düşündü. Kapros kendisini asla satmazdı! Onu Olimpiya'da bir yerde saklamış olmalılardı, çünkü Kallippos'un çok da zamanı olmamıştı.

İpuçlarıyla resim tamamlanıyordu. Sadece birkaç parçası eksikti. Onu nerede arayacaklarını bir bilselerdi keşke! Olimpiya'da sayısız saklanma yeri vardı. Hippias kafa patlatırken, diğer taraftan da köpeğini okşuyordu. Sonunda Kapros'u kimin bulabileceğini buldu. Argos elbette! İyi koku alma yeteneğiyle onları Olimpiya'daki bu korkunç insan kalabalığı içinde bulmuştu.

Hippias mutlulukla köpeğini kucakladı. Köpek şaşkınlık içinde uykulu gözlerini açtı ve esneyerek tekrar hemen uyumak istedi.

Hippias da bu gece Argos'u ortalıklarda koşturmanın pek de anlamlı olmayacağını anladı. Argos uzun bir yolu geride bırakmıştı ve neredeyse ayakta uyuyordu.

Böylece ertesi sabah çocuklar Argos'u da yanlarına alarak kutsal alana geri döndüler. Hippias önlem amacıyla Argos'un kaybolmaması için boynuna ip bağlamıştı. Ama Argos Hippias'ın yanından zaten ayrılmıyordu, çünkü bu insan kalabalığı onu tedirgin etmişti.

Bugün Zeus'u anma, yani yaz güneşinin dönümünden sonraki ikinci dolunay günüydü. Tanrının şerefine bir kutlama geçidi yapıldı ve Kül Sunağı'na bir kurban verildi. Bu Olimpiya'daki oyunların en önemli anıydı ve kutsal alan yine gösteriyi izlemek isteyen insanlarla kaynıyordu.

Leon diğerlerinden ayrıldı, çünkü yarışmacı olduğu için geçiş törenine katılmak zorundaydı.

Hippias zamanı iyi kullandı. Argos'a eğilerek kulağına, "Kapros!" diye seslendi. Köpek bu adı duyduğunda kulaklarını kaldırdı. "Kapros'u bul! Hadi oğlum!"

Ama o an Nike, "Dikkat! Yer açın! Öküzler geliyor!" diye bağırdı.

Çocuklar hızlıca geri çekildiler ve Argos'u da alarak Zeus Tapınağı'nın arkasındaki kutsal zeytin ağacının altına kaçtılar. Hippias sabırsızlanıyordu ama yapacak da bir şey yoktu. Bir gün önce olduğu gibi şimdi de beklemek zorundaydı.

Yüz tane kocaman hayvan tören caddesinden geçiyordu. Hayvanlara trompet ve flüt çalanlar, hakemler ve atletler eşlik ediyordu. Hayvanların geçit töreni de geleneksel olarak her olimpiyatta yapılırdı.

En önemli olaylardan biri de, Elisli meclis üyelerinin Prytanein'da verilecek tören yemeğinde toplanmasıydı.

Burası kutsal alanın dışında ve Palestra'nın karşısındaydı. Burada Zeus'un kız kardeşi Hestia'nın kutsal ateşi yanıyordu. Hestia, evlerdeki ateşi korumanın yanında sürülerin de koruyucusuydu. Politika ve refah da onun hâkimiyeti altındaydı ve Prytaneion'da yanan ateş bir şehir devletin ateşi olduğu için hiç sönmüyordu.

Sabırsızlanan Hippias için bile Kül Sunağı'ndan gökyüzüne doğru çıkan dumanların bir sütun oluşturması etkileyici bir görüntü oluşturuyordu. Zeus herhalde mutluydu ve gökyüzünden huzur içinde kutsal alanındaki oyunları izliyordu.

Geçit töreninden sonra seyircilerin stadyuma girmeye başlamalarıyla Hippias, "Nihayet!" dedi. Bu önemli günde artık yetişkinlerin yarışmaları yapılıyordu, en eski ve en saygıdeğer yarışmaydı bu. Hippias giderek daha da öfkeleniyordu. Kül Sunağı etrafındaki alan ve seyircilerin töreni çok rahat izleyebildikleri hazine binalarının basamakları çok yavaş boşalıyordu.

Leon, çocukları ve Argos'u kutsal zeytin ağacının altında gördü. Koşarak yanlarına geldi.

Hippias artık köpeğine tekrar aynı emri verme fırsatı bulmuştu: "Kapros'u ara! Hadi ara!"

Argos, kısa kısa havladı. Sonra da burnunu yere sürerek koşmaya başladı. Elinde köpeğinin ipini tutan Hippias da onunla birlikte koştu. Arkadaşları onları izlemekte zorlanıyorlardı.

Argos, Zeus Tapınağı'nın etrafından dolaştı ve sonra da yokuşu koklayarak çıktı. Çocuklar heyecanla onu takip ediyorlardı.

Leon, "Doğru. Kapros bir binanın içinde olmalı. Ve kilitli bir yerde olmalı," dedi.

Pasion başını iki yana salladı. "O zaman tapınaklarda olamaz. Çünkü hepsi açık."

Nike, "Çatıları değil ama. Yukarıya çıkılabilir. Zeus Tapınağı'nda önceki gün çatıya çıkan bir döner merdiven gördüm." diye açıkladı.

Hippias, "Herkesin gözü önünde mi? Tüm ziyaretçilerin önünden geçerek mi? Bir de yanlarında gitmeye direnen Kapros'la mı? Oraya çıkmış olmaları mümkün değil," diyerek karşı çıktı.

Gözleri hep Argos'un üzerindeydi. O da hâlâ burnunu yere sürterek Hippias'ı çekiştiriyordu. Yokuşu tekrar indi ve Yankı Salonu'nun yanından geçerek hakemlerin evine gitti.

"Burası mı?" Pasion şaşkın biçimde başını salladı. "Oyunların yapıldığı yerde o kadar curcuna olurken."

Hippias daha cevap veremeden, Argos onu çekmeye devam etti. Buleuterion'da kısa bir süre bekledi, giriş kapısını kokladı ve sonra da telaşlı biçimde geçit töreninin yapıldığı caddeden aşağıya doğru koşmaya başladı, dükkânların önünden geçti. Çocuklar da onu takip ediyorlardı.

Leonidaion'a gelince Argos daha da telaşlandı. Yağ testilerinin ve spatulaların bulunduğu yere kadar gitti. Orada yerdeki kumu ve sütunlu salona çıkan basamakları kokladı. Sonra tekrar dükkânların sokağına koştu ve tekrar Leonidaion'a döndü. Oradan da kutsal alanın girişi kapısından geçerek kurban etme töreninde durdukları Zeus Tapınağı'nın arkasına koştu. Burada hızlı hızlı soluyarak yere oturdu.

Hippias şaşkınlık içinde köpeğini okşadı.

Hayal kırıklığına uğramış bir ses tonuyla, "Burada çok insan var. Argos doğru izi bir türlü bulamıyor," dedi.

Pasion, "Peki, şimdi ne yapacağız?"

Nikc aniden, "Şuraya bakın!" dedi ve hazine binasının terasını gösterdi.

Olimpiya'da hazine binasına sahip Yunan kentlerinin elçileri birçok kişinin dikkatini çekiyordu. Bazı elçiler köle ve sopa taşıyıcılarının koruması altında karşı tarafa geçiyorlardı.

Stadyum tüneline kadar yan yana birer küçük tapınak gibi görünen on bir muhteşem hazine binası yer alıyordu.

Zeus kutsal alanına özel ilgi duyan kentler burada tanrıya sundukları para ve benzeri diğer değerli şeyleri yıl boyunca tutuyorlardı. Şimdi elçiler hazine binalarının bulunduğu bölüme doğru giderken meraklılar onları seyrediyordu.

Hippias heyecanla, "Hazine binaları!" dedikten sonra daha da yaklaşarak, "Tabii ki!" dedi.

Diğerleri onun ne demek istediğini hemen anladılar. Bu binalar kilitleniyordu! Onu takip ettiler ve heyecanla terasa baktılar.

Köleler, evlerin içinden güneşte parıldayan çok değerli sofra takımları çıkarıyorlardı. Seyirciler merakla getirilen eşyaların ne ve ne kadar olduğuna bakıp onlar hakkında görüşlerini söylüyorlardı.

Bu sofra takımları Gela, Megara veya Byzantion gibi kentlere tüm Yunanistan'dan gelen insanlara, Olimpiya'da zenginliklerini gösterme fırsatı sağlıyordu.

Zeus şerefine düzenlenen, Prytaneion'daki akşam yemeğinde basit seramik tabaklarda değil, değerli metallerden yapılan tabaklarda yenilmeliydi.

Çocuklar da gözlerini açmış, değerli eşyalara bakıyorlardı. Leon aniden, "Onun burada işi ne?" diye sordu.

Paison heyecanla, "Kim? Kimden bahsediyorsun?" diye sordu.

"Sosias. Şu karşıdaki güçlü adam. Onu hemen tanıdım, çünkü topallıyor."

Paison, "Onu gördüm. Kim bu?"

Hippias, "Asklepios'un kölesi. Leon ondan bize bahsetmişti."

Nike, "Ama Epidauros kentinin, burada hazine binası yok ki."

Bu doğruydu. O zaman Epidauroslu atletin kölesinin buradaki hazine binalarında işi neydi?

Heyecanla Sosias'ı takip ettiler. O da çok tuhaf davranıyordu.

Çocukların dikkatini çeken şey neydi?

Korkunç Bir Skandal!

"Söyleyin bakalım! Ne buldunuz?"

Argos birden ürktü ve ayaklarının üzerine kalktı, çocuklar da onun etrafına toplandılar. Sosias'ı o kadar dikkatle izliyorlardı ki, hiçbiri Xenophon'un geldiğini duyamadı. Xenophon, bastonuna dayanmış, dikkatle çocuklara bakıyordu.

Hippias heyecanla, "Kapros'un nerede olduğunu biliyoruz! Ama henüz oraya gidemiyoruz!" dedi.

Pasion, "Sikyon'un hazine binasında. Orada, en soldaki binada," diye ekledi.

Xenophon başını eğerek, "Bilemiyorum. Orada olduğundan emin misiniz?" dedi.

Hippias nefes nefese, "Sosias kapıyı açtı ve içeriye yemek götürdü. Mutlaka içeride Kapros olduğu için bunu yaptı," diye açıkladı.

Xenophon merakla, "Bu olabilir. Sosias da kim?" diye sordu.

Nike, "Epidauroslu Asklepios'un kölesi."

Xenophon kaşlarını kaldırarak, "O zaman

Kapros'un kaybolmasıyla Kallippos'un ilgisi yok demek değil mi bu?" diye sordu.

Leon bir taraftan hazine binasından gözünü ayırmadan, "Var tabii ki. Sosias ona sadece yemek götürüyor. Şimdi onun dışarıya çıkmasını bekliyoruz," diye cevap verdi.

Xenophon kafası karışmış olarak, "Artık hiçbir şey anlamıyorum. Öğretmenim Sokrates anlamadığım bir şey hakkında konuşmamam için beni hep uyarırdı. Bunun tehlikeli bir şey olduğunu söylerdi. Diğer taraftan ortada ilginç bir zihinsel bulmaca var. Kapros kaybolmuştu, şimdi de bulundu. Ama bulunduğu yere girilemiyor. Kallippos'un da işin içinde olduğunu söylüyorsunuz ama Kapros'a Asklepios'un kölesi yemek veriyor. Hem de girmesinin yasak olduğu bir hazine binasında. Bütün bunların biraz akıl karıştırdığını siz de kabul etmelisiniz," dedi.

Nike, "Ama bunlar doğru. Kallippos diğerlerine rüşvet verdi."

Xenophon başını salladı. "Zeus aşkına! Gerçekten mi? Bu çok korkunç! Olimpiya'da bir rüşvet skandalı daha, kırk yıl önce olduğu gibi. O zaman bir boksör, rakibi olan diğer üç boksöre rüşvet vermişti. Hatta onlardan birisinin tekrar Olimpiyat şampiyonu olma şansı bile vardı. Sonunda bronzdan Zeus heykeli yaptırma cezasına çarptırıldılar. O heykeller hâlâ ön tarafta, stadyumun girişinde duruyorlar, toplam altı tane ve her biri çok pahalı. Onlara çok ağır bir ceza olmuştu. Korkunçtu!" Tekrar çocuklara baktı ve "Peki, bunları nasıl ortaya çıkardınız?" diye sordu.

Nike, son günlerde Xenophon'a defalarca olanları anlatmıştı. Ona bir defa daha her şeyi anlatırken diğerleri de hazine binasını gözetlemeye devam ediyordu.

Leon sessizce, "İşte! Sosias geliyor," dedi.

Herkes Sosias'ın hazine binasını kilitlediğini, dikkatlice etrafına bakındığını ve sonra da hızlıca topallayarak orayı terk ettiğini gördüler.

Pasion, "Anahtarı kimden aldı acaba?" diye sordu.

Xenophon cevap vermedi, gözlerini kısıp zorlanarak Sosias'ı görmeye çalıştı. "Onu tanıyorum ben. Sosias! Evet bu o! Sekiz yıl önce pankrasyon müsabakalarına katılmıştı. Tüm Epidaurosluların umuduydu. Ama sonra rakibi kemiklerini kırmıştı. Pankrasyonda bu sık görülen bir durumdur. Göze saldırmak, ısırmak ve boğmak dışında neredeyse her şey serbesttir. Gerçi Diokles onu tedavi etmişti, ama Sosias ondan sonra tüm parasını antrenmanlarına harcadı. Bu da yaklaşık bir yıl sürer. Hep para harcarsın ama bu arada para kazanamazsın. Oyunlardan sonra iflas etti ve kendisini köle olarak satışa çıkardı. İşte böyle," dedi düşünceli bir biçimde. "Demek ki şimdi de Asklepios'un yanında. Üzücü bir kader ama tesadüf değil. Çünkü sadece kazananlar zenginleşir."

Çocuklar dikkatle Xenophon'a bakıyorlardı. Atletlerin, ünleri zedelense de büyük para cezaları ödemek zorunda kalsalar da, niye rüşvet aldıklarını böylece anlamış oldular.

Hippias telaşlanarak, "Sosias gitti. Hadi Kapros'u oradan çıkaralım artık!" dedi.

Nike omuzlarını düşürerek, "Ama Sosias kapıyı kilitledi! İçeriye nasıl gireceğiz ki?" diye sordu.

Pasion tekrar ederek, "Anahtarı kimden aldı acaba?" diye mırıldandı. Nike'ye, "Bu sorun değil. Gidip Milon'u alıp geleceğim," diye cevap verdi ve hemen koşarak oradan ayrıldı.

Nike arkasından bakakaldı. Milon mu? Evet, tabii ki. Elisli Milon. Hepsi onu tanıyordu. Milon, kutsal mekânın anahtarlarını saklayanlardan biriydi. Bu anahtarcılar yıl boyunca şehirlerin hazine binalarına bakıyor, sürekli kontrol ediyor ve bir hırsızlık olduğunda da bunu hemen bildiriyorlardı.

Değerli eşyalar Prytaneion'a götürüldükten sonra görülecek başka bir şey kalmadığından, merakla izleyen insanlar dağılmaya başlamışlardı. Çocuklar da onların arasından kendilerine yol bularak hızla koşuyorlardı. Hippias heyecanla köpeğini takip ediyordu. Bir iz bulacak olurlarsa, düşüncelerinde haklı çıkacaklardı. Ve birden bir şey oldu. Hazine binalarının merdivenin önüne geldiklerinde, Argos merdivenleri koklayarak çıktı ve sonunda da Sikyonluların hazine binasının önünde durdu. Havlayarak kapıyı eşelemeye başladı. Hippias'ın yüzü gülüyordu. Demek ki doğruydu! Argos, sadece ailesi söz konusu olduğunda böyle heyecanlanırdı. Sonunda Kapros'u bulmuşlardı! Hemen köpeğini sakinleştirdi. Etrafına insanların toplanmasını istemiyordu.

Çocuklar, Pasion ve Milon'un gelmesini sabırsızlıkla beklediler.

Milon, "Böyle bir şeyi isteyerek yapmıyorum. Çünkü siz hazine binasında bir şey kaybetmediniz," dedi.

Nike, Milon'un kaşlarını çattığını görünce, "Lütfen Milon! Hippias'ın kardeşi buraya hapsedildi. Bu sadece aptalca bir tesadüf!" dedi hızlıca.

Milon, "Kapros içeride mi? Oraya nasıl girmiş? Hazine binası iki gündür ziyaret saatlerinde de kapalı," dedi ve kısaca düşündükten sonra da yüksek sesle gülmeye başladı.

Şaşkınlık içinde çocuklara baktı.

"Hapsolmuş! Sersem çocuk kendisini içeriye mi hapsetmiş? Hazinelerden o kadar mı etkilenmiş? Sonra da yarışmayı mı unutmuş? İnsan bu kadar ahmak olabilir mi? Böyle bir şey de hiç duymamıştım!"

Hippias neredeyse çıldırmak üzereydi. Ama Pasion araya girerek, "Bırak konuşsun. Önemli olan kapıyı açması," dedi.

Ve Milon da öyle yaptı. Gülmeye devam ederken kapıyı açtı. "Dikkat edin, siz de içerde hapis kalmayın."

Ama çocuklar artık onu dinlemiyordu. Kapı açılır açılmaz, Argos ve arkasından da çocuklar ve Xenophon içeri daldılar.

Önce neredeyse hiçbir şey göremediler, çünkü hazine binasının güvenlik nedeniyle pencereleri yoktu. Ama kapıdan gelen ışık onlara yetiyordu. Bina, Zeus'a adanan paha biçilmez hediyelerle doluydu, hatta duvarlar bile bronzdandı. Işık Tanrısı Apollon'un altın başlı bir heykelinin arkasında, ikinci daha küçük bir odaya giriş vardı. Buranın da duvarları bronzdandı ve ortalıkta daha da fazla değerli eşya vardı.

Kapros orada oturuyordu. Kolları ve ayakları bağlıydı. Yorgun görünüyordu ama gülüyordu ve yüzünü heyecanla yalayamaya başlayan Argos'a bir şeyler söylüyordu.

Kapros gözlerini Hippias ve arkadaşlarına çevirerek, "Nereden geliyorsunuz?" diye sordu. Çocuklar daha cevap veremeden, "Pentatlonu kim kazandı?" diye sordu.

Hippias onun iplerini çözerken, "Kylon!" dedi.

Kapros öfkeli biçimde yumruğunu havada salladı. "Alçak! Sahtekâr!"

Bu arada Xenophon da küçük odaya girdi. "Sakin ol! Neler oldu ki?"

"Xenophon!" Kapros bir an şaşkınlık geçirdi ve ne söylemesi gerektiğini bilemedi. Xenophon'u görmek için uzun zamandır bekliyordu ama onunla bu şekilde buluşacağını hayal bile etmemişti.

Açıklama yapmak için zamanları yoktu. Milon kapının önünden bağırıyordu: "Hadi dışarı çıkın! Artık kapıyı kilitlemeliyim! Sonra beni kimse ünlü konuşmacıları hapsettiğim için suçlamamalı!" Hazine binasından ilk çıkan Xenophon'un arkasından saygısızca güldü. Kapros ne olduğunu anlayamadan bir birine bir diğerine bakıyordu. Milon acele etmelerini söyledi, kapıyı kilitledi ve sonra da oradan ayrıldı.

Hippias, "Şimdi her yerde Kapros'un başına geleni ve hazine binasını anlatır."

Xenophon, "Bırak, ne isterse yapsın. Pentatlon yarışçıları onu dinlerlerse, belki biraz heyecanlanırlar. Şimdi gelin hazine binasının arkasına gidelim, orada rahat oluruz. Kapros'un başına ne geldiğini bir an önce dinlemek istiyorum. Olimpiya'da biri kaçırıldı! Bugüne kadar gerçekten böyle bir şey hiç olmamıştı."

Kapros'un anlatacakları gerçekten de inanılmazdı. Kronos Tepesi'nin eteklerindeki ağaçların altına oturduklarında, Kapros, "Bana rüşvet vermek istediler," diye başladı söze. "Sizi rahatsız etmemek için anlatmadım. Asklepios beni dizlerimin üzerine çöktürdü ve söylediklerini yaparsan Olimpiya'da kaybeden olmayacağını söyledi. Böylece sadece bi rincinin değil, herkesin yeterince parası olurmuş."

Hippias şaşırarak, "Asklepios sana rüşvet mi vermek istedi? Kallippos değil mi?" diye sordu.

"Hayır. Hayır. Asklepios bir tür aracı gibiydi. Her şeyin arkasında Kallippos'un olduğuna inanıyorum. Başka kim olabilir ki? Ama ben savaşmak ve kazanmak istediğimi söyledim. Bunun için babama söz vermiştim."

Hippias başını eğdi ve diğerlerine gururla baktı. O bunu biliyordu, kardeşi satın alınamazdı.

Sosias iki diğer köle ile geldiğinde, Kapros Xenophon'u sormak için Leonidaion'a gitmişti. Onu Asklepios'a götürecekti. Asklepios'un ondan tekrar ne isteyeceğini tahmin edebiliyordu. Ona son defa hiçbir zaman onların vereceği parayla ilgilenmeyeceğini söyleyecekti.

"Beni gerçek bir tehlikenin beklediğini hiç düşünmemiştim. Rahatça onlarla gittim."

Buna rağmen onlara fark ettirmeden yağ testisi ile spatulayı sokakta düşürmüştü. Başına bir şey gelirse, belki bunlar ipucu olabilecekti. Bir şey olmazsa da, dönüp onları alacaktı. Bunu iyi ki bunu düşünmüştü, çünkü daha Leonidaion ile Phidias'in atölyesi arasındaki küçük binalara ulaştıklarında, Sosias onu kolundan tutmuş ve hızlıca iki bina arasındaki küçük sokağa doğru sürüklemişti.

"Sosias sanki birden bir pankrasyon dövüşçüsü olmuştu, anladınız mı? İstese birinin burun kemiğini çok kolaylıkla kırabilir. Ortalıkta bana yardım edebilecek birileri de yoktu. Tuzağa düşmüştüm."

Diğer iki köle de yolu kapamıştı. Sosias'ın görevi, Kapros'u bu komploya katılmaya zorlamaktı. Ama Kapros karşı çıktığında onu dövmüştü.

"Tekrar kendime geldiğimde, küçük binaların birinde bağlı biçimde yatıyordum. Gece de beni hazine binasına götürdüler. Gerisini siz de biliyorsunuz."

Çocuklar nefes almadan dinliyorlardı.

Xenophon dehşete kapılmıştı. "Yok artık! bunlar inanılır gibi değil! Korkunç bir skandal bu!"

Hippias, "Peki, şimdi ne yapacaksın?" diye sordu. "Pentatlon sona erdi. Babam bütün bunlara ne diyecek?"

"Yarın güreş müsabakası var. Asklepios da rakiplerimden biri olacak. Onunla güreşeceğim ve kimin daha güçlü olduğunu hep beraber göreceğiz. Sürekli onu nasıl yenebilirim diye plan yapıyorum."

Xenophon, "Doğru olan da işte bu!" diyerek Kapros'u övdü. "Yarışmalar bittiğinde de, seninle sohbet edebilirsek memnun olurum. Bir hatip için olması gereken hırsa sahip olduğunu düşünüyorum."

Kapros'un yüzü aydınlandı. Xenophon, "Ama senin yerinde olsam, bu gece atletlerin konakladığı yerde kalmazdım," dedi.

Bunda da çok haklıydı. Bunun üzerine çocuklarla birlikte nehir kenarındaki çadırlarda gecelemeye karar verdiler. Böylece yarınki sürpriz daha da büyük olacaktı.

Akşam karanlığından da yararlanarak yola koyuldular. Xenophon onlardan ayrılarak, kısa süre sonra Zeus onuruna verilecek olan ziyafete katılmak üzere Prytaneion'a gitti. Çocuklar şanslıydılar, çünkü Xenophon yolda aynı yemeğe giden diğer pentatloncularla karşılaştı. Kapros ve çocuklar Xenophon'un diğer yarışmacıları başka bir konuyla meşgul edip oradan uzaklaştırmasını beklediler. Sonra da nehre doğru koşmaya başladılar.

Rhea ve Antigone çadırların önünde oturuyorlardı. Yanlarında da Troilos vardı. Onlara dağıtılan yemekten getirmişti.

Çocukları görünce üçü birden ayağa fırladı. Antigone Kapros'a doğru koştu ve onu kucaklayarak sevinçten ağlamaya başladı. Ama Troilos'un yüzü asılmıştı. Oğluna öfkeyle, "Neredeydin sen?" diye sordu. "Yarışmaya katılmamak ne demek? Hepimizi burada korku içinde bırakıp gittin. Sen ne yapmaya çalışıyorsun?"

Daha Kapros cevap vermeden, Hippias onun önüne geçti. Zeus Tapınağı'nda kendi kendine verdiği sözü hatırladı; şimdi babasına karşı çıkmasının tam da zamanıydı. Ya şimdi, ya da hiçbir zaman. Derin nefes alarak sinirli bir biçimde, "Asklepios ona rüşvet vermek istemiş, ama Kapros parayı kabul etmemiş. Onlar da Kapros'u hapsetmişler. O bir korkak değil, başarısız biri de değil," dedi.

Kapros şaşkınlıkla küçük kardeşine bakıyordu. Troilos da Hippias'a bakıyordu. Önce hiç geri adım atmadı, ama en küçük oğlunun korkusuzca gözlerinin içine baktığını görünce hafifçe yumuşayarak, "Bunu ben de biliyorum!" dedi. "Ama bir düşünün! Nasıl da ortada öylece kalakaldım. Oğlum kaçtığı için herkes bana güldü."

"Ama öyle olmadı ki!" diye bağırdı Hippias. Diğerleriyle birlikte olan biteni anlattılar.

Troilos sinirli bir biçimde Kapros'a, "İddiaya girerim ki, bunu yapan Asklepios değil. Bu Kallippos'un işi. Bu işin arkasındaki odur! Bana inan!" dedi.

Kapros kendinden emin, babasına bakarak, "Yarın Asklepiosla güreşeceğim. Kazandığım zaman da, ikimiz birden intikamımızı almış alacağız," dedi.

Troilos kısık bir sesle araya girerek, "Ama senin hakkın yok artık! Pentatlona nedensiz biçimde katılmadın. Bu nedenle hakemler sana izin vermeyecektir," dedi.

Kapros'un yüzü sarardı, çocuklar da Troilos'a korku içinde baktılar. Bu hiç akıllarına gelmemişti. Şimdi ne yapacaklardı?

Troilos yavaşça anlatarak, "Bir tek ihtimal var. Eupolis'e gideceğim ve ona her şeyi anlatacağım. Yarışmalara neden katılmadığını duyunca sana izin verecektir." dedi.

Antigone korku içinde söze girerek, "Ya sana inanmazsa?" diye sordu.

Troilos öfkeyle yumruklarını sıkarak, "Bunu yapacaktır. İnan bana!" dedi. "Güreş müsabakasından sonra da Kallippos'un işini bitireceğiz." Bunları söylerken tekrar öfkelenmeye başladı. "Eupolis'le birazdan Prytaneion'da buluşacağım ve onu hemen kenara çekip konuşacağım. Bu işe yarayacaktır, göreceksin. Yarın, yüzlerinin alacağı şekle şimdiden seviniyorum. Bunların hepsi sahtekâr!"

Troilos kendi kendine sinirle söylenerek Prytaneion'a doğru yola çıktı. Hippias gülümsüyordu. Babası hep böyleydi, ama ilk kez kendini kötü hissetmiyordu. Hippias istediğine ulaşmış, ağabeyini de korumuştu. Troilos'un şimdi gerçekten de öfkelenmesi için bir nedeni vardı.

Leon arkadaşlarına dönerek, "Biz de oraya gidelim ve fark ettirmeden pentatloncuları izleyelim," diye önerdi.

Antigone, "Ama bu çok tehlikeli. Bir şey fark ederlerse çok kötü olur!" diye karşı çıktı.

Kapros acı acı güldü. "Hiç zannetmem. Onlar kalabalık içinde yiyip içecekler ve başarılarını kutlayacaklar. Bana inanın, birilerinden asla kuşkulanmayacaklardır."

Nike bu kez onlarla gelmeyecekti. O da erkeklerin katıldığı bir ziyafette bir kız çocuğunun hemen fark edileceğini istemese de kabul etti. Böylece sadece üç erkek ve Argos yola koyuldular.

Çocuklar Prytaneion'a geldiklerinde, içeriden coşkulu gülüşmeler geliyordu. Üstü örtülü giriş binası meşalelerle aydınlatılıyordu. Buradan Hestia'nın ateşinin yandığı iç avluya gidiliyordu. Oradan da ziyafetin yapıldığı büyük yemek salonuna geçiliyordu.

Çocuklar girişten geçtiler. Hippias Argos'u sıkıca tutuyordu çünkü kızartılan etin nefis kokusu burnuna kadar geliyordu. Et özel bir yiyecekti çünkü çok pahalıydı ve çok nadir yenebiliyordu. Elis şehri çok cömertti. Zeus töreni ve ziyafet için dört yılda bir herkese et dağıtılıyordu.

Hippias aniden bir grup misafirin arkasına saklandı.

Diğerlerine bakarak, "Babam şu ön tarafta. Bizi görmemeli," dedi.

Troilos, Hestia Sunağı'nın yanında duruyor ve ciddi bir yüz ifadesiyle başını sallayan Eupolis ile konuşuyordu. Çocuklar konunun Kapros ve yarınki müsabaka olduğunu anlayabiliyorlardı.

Bu kalabalıkta pentatloncular hemen fark edilemiyordu, ama çocuklar sonunda hepsinin birlikte yemek salonunun bir köşesinde olduğunu gördüler. Xenophon'la hoş bir sohbet içindeymiş gibi görünüyorlardı.

Asklepios, "Harika! Ziyafet için sadece et ve üzüm suyu bile yeterli. Çok lezzetli ve insan doyuyor," diye bağırdı.

Xenophon, "Sen böyle bir yemekte sadece karınların doyurulmadığını unutuyorsun. İyi bir aşçı aynı zamanda bir sanatçıdır. Örnek olarak Hegemon ve Thasos'u düşünün! Bundan yüz yıl önce sadece komedileri ile değil, aynı zamanda da muhteşem mercimek püresiyle de ünlüydü. Şimdi de yeni bir yetenek olduğunu duydum. Gelalı Archestratos bugünlerde yemek sanatı üzerine bir kitap yazıyormuş.

Adını da 'Lüks içinde yaşam' koyacakmış ve Yunanistan'da en iyi yemeklerin nerelerde olduğunu da yazacakmış."

Kylon alay edercesine, "Gela!" dedi. "Orası Trinakria'da bir kolonidir. Atina için bir tehlike olamaz!"

Xenophon, "Bundan emin değilim. Sybaris'i düşün, orası da bir koloni, ama Yunanistan'ın masal diyarı olarak tanınıyor," dedi.

Asklepios, "Bunda haklısın!" diyerek güldü ve kâsesini Xenophon'a doğru kaldırdı. "Ama Sybarisliler aynı zamanda şişman ve oburmuş."

Pentatloncular bunun üzerine gülüştüler.

Leon, "İyi ki aramızda Sybarisli kimse yok. Burada Olimpiya'dayız ve…"

Hippias heyecanla, "Orada!" diye fısıldadı.

Üç çocuk, Kylon'un babasına gizlice, katlanmış bir papirüs şeridi verdiğini ve Asklepios'u işaret ettiğini gördüler. Herhalde Kallippos'un çok komik bulduğu bir şeyler söylüyordu. Kallippos, papirüs şeridi fazla incelemeden Asklepios'a uzatırken hâlâ gülüyordu.

Hippias, "Acaba üzerinde ne yazıyor? Bunu çok merak ediyorum!" diye fısıldadı.

Hippias'ın isteği nasıl gerçekleşiyor?

Nike'nin Fikri

Çocuklar kısa bir süre sonra Argos'la birlikte çadırlara geri döndüklerinde, Nike onlara sorular sormaya başladı. Ama Antigone onları önce ateşin yanına götürdü ve karınlarını doyurmak için şişte kızarmış balık verdi. Argos da kendi payına düşeni aldı. Sonra Antigone, "Hadi şimdi anlatın," dedi.

Ve anlatmaya başladılar. Kapros, Eupolis'in babasını dinleyip başıyla onayladığını duyunca çok rahatladı. Bu yarınki güreş müsabakasına katılabileceğine yönelik bir işaretti.

Nike sabırsızca, "Başka neler oldu?" diye sordu. "Kallippos ve diğer pentatloncuları gördünüz mü?"

Hippias başıyla onayladı. "Tabii ki. Görülmeyecek gibi değillerdi zaten." Çocuklar lafı birbirlerinin ağzından alarak, pentatloncuların aralarında yaptıkları gürültülü sohbetleri ve sonunda da Argos'un onlardan papirüs şeridi nasıl çaldığını anlattılar.

Nike, "Harika köpek!" dedi ve Argos'un kulaklarını okşadı. Ama Argos hiç oralı olmadı ve kendi ziyafetine devam etti.

Kapros, "Üzerinde bir şey yazılı mıydı? Hadi anlatın! Konuyu daha da heyecanlı hale getirmeyin."

Hippias papirüsü ona uzattı. "Al, kendin oku!"

"K'yı öbür gün serbest bırak." İnanılır gibi değil! Bunu kim yazmıştı?"

Pasion, "Bunu bilmiyoruz. Önce Kylon notu Kallippos'a verdi, o da Asklepios'a uzattı."

Leon, "Kylon'un da onu başka birinden alıp almadığını görmedik."

Antigone araya girerek, "Bana sorarsanız, hepsi birlikte işin içinde. Ama bu, Asklepios'un her durumda kaçırma olayı ile ilgisi olduğunu kanıtlıyor," dedi.

Rhea da, "Evet," diyerek ona hak verdi. "Planlarını eksiksiz gerçekleştirmek istediler. K harfi Kapros'u işaret ediyor. Öbür gün madalya töreni var. Kapros, seni ancak törenden sonra serbest bırakacaklardı."

Leon, "Bu rahat anlaşılıyor zaten. Eline geçtikten sonra hiç kimse Kylon'un şampiyonluğunu geri alamaz. Kurallar böyle diyor," dedi.

Hepsi düşünceli biçimde ateşe bakıyorlardı. Kylon ve Asklepios da Kallippos kadar olayın içindeydiler, bu artık kesinleşmişti. Ama her şeyi kanıtlamak için hâlâ ellerinde yeterli bilgi yoktu.

Nike sonunda, "Bunu kimin yazdığını ortaya çıkarmalıyız," dedi.

Hippias, "Peki, bunu nasıl yapmayı düşünüyorsun?" diye sordu.

Leon, "Papirüsü Kallippos'a gösterip nasıl tepki vereceğini görmek lazım," diye önerdi.

Hippias, "O bizi hiçbir zaman ciddiye almaz ki!" dedi.

Pasion arkadaşlarına döndü. "Buldum. Kallippos bizim sorularımıza cevap vermez, değil mi?"

Diğerleri başlarıyla onayladılar.

"Ama başhakem ona sorarsa, o zaman cevap vermek zorunda kalır. Yarın güreş müsabakası bittiğinde, hemen babama gidelim ve her şeyi anlatalım. Troilos'un bir şeyler yaptığını biliyor zaten. Bize inanmak zorunda."

Ne kadar düşünseler de bu en iyi çözüm gibi görünüyordu. Ne yapıp edip başhakem Eupolis'i ikna etmek ve onun Kallippos'a sorular sormasını sağlamak zorundaydılar.

Çocukların gözüne gece uyku girmedi. Derin uykuya dalmış olan Kapros'u rahatsız etmemek için de kendi aralarında fısıldayarak konuşmaya devam ettiler.

Ertesi gün kutsal alana geldiklerinde, Xenophon ve Troilos çoktan Leonidaion'a gelmiş, onları bekliyorlardı.

Kapros sevinçle, "Bu çok güzel! Benim güreşimi seyredecek misin, Xenophon?" diye sordu.

Xenophon başını iki yana salladı. "Üzgünüm! Stadyuma girmiyorum. Olimpiya'da arkadaş ve tanıdıklarımla yaptığım sohbetler bana yetiyor. Bunun için çok yaşlıyım artık." Bu arada Kapros'un üzüntülü yüzüne baktı. "Neredeyse Miletli Thales'in yaşındayım. O da iki yüz yıl önce stadyumda güneş çarpması sonucunda öldü. O, çember ve üçgenleri herkesten daha iyi bilirdi ve ölümü büyük bir kayıp olmuştu. Lütfen, bana kızma! Ama buradaki cehennem sıcağı benim için çok fazla. Sana bol şans dilerim. Ben burada, ağaçların altında gölgede kalacağım, ama aklım sende olacak."

Çocuklar böylece Xenophon olmaksızın hakemlerin binasına gittiler. Ancak orada sadece bir sopa taşıyıcı bulabildiler. O da Eupolis'in Buleuterion'da olduğunu ve Kapros'un durumunu konuştuklarını söyledi.

Kapros, babasına öfkeli biçimde baktı. Olimpiyat Meclisi'nin ve hakemlerin kararı ne olacaktı? Müsabakalara katılabilecek miydi? Troilos da oğlu kadar öfkeliydi. Huzursuz biçimde oradan oraya yürüyordu. Çocuklar heyecanla Buleuterion'a doğru bakıyorlardı.

Sonunda Eupolis dışarı çıktı ve hakemlerin binasına doğru yürüdü. Daha içeri girer girmez, herkes kararın ne olduğunu sormaya başladı. Sonunda kararı açıkladığında, herkes çok rahatladı: Kapros'un başkaları tarafından alıkoyulduğu ve pentatlonu kendi isteği dışında kaçırdığı anlaşıldığından, yarınki güreş müsabakalarına katılabilecekti. Kallippos ve Kylon için ayrıca bir görüşme yapılacaktı. Kaçırma olayı Olimpiya kurallarının kabul edilemez bir ihlaliydi.

Hippias arkadaşlarına baktı. Troilos'un tüm olanları Eupolis'e anlatmadığı anlaşılıyordu. Daha bir şey söyleyemeden, Eupolis konuşmaya devam etti:

"Kapros, seni müsabakalardan önce ifade vermekle yormak istemedik. Daha sonra bunun için sana ihtiyacım olacak, ama şimdilik sana müsabakalarında başarılar dilerim. Bunlara ihtiyacın olacaktır. Senin için sakladım." Gülümseyerek Kapros'a yağ testisini, spatulalarını ve güreşte takacağı deri kepini verdi. Bu kep, rakibin saçlarını çekmesini engelliyordu.

Artık fazla da zamanı kalmamıştı. Kapros hızlıca teşekkür etti ve Troilos ile birlikte Yankı Salonu'nun arkasında tam stadyum tünelinin yanındaki çatısı olan mekâna doğru koştu. Atletler burada yağlanarak müsabakalara hazırlanabiliyorlardı. Güreşçiler burada ayrıca rakiplerinin vücutlarına tutunabilmek için üzerlerine kum serpiyorlardı.

Eupolis de hakemlerin bulunduğu tribüne gitmek üzereyken, çocuklar onun önünü kestiler.

Çocukların ciddileşen yüzlerini görünce, "Söyleyin bakalım, başka ne istiyorsunuz?" diye sordu.

Pasion, "Güreşten sonra seninle mutlaka konuşmalıyız. Kaçırılma olayı ile ilgili," dedi.

"Yoksa Kallippos ve Kylon'a karşı benim bilmem gereken daha fazla kanıt mı var?" Eupolis yüzünü asan oğluna baktı. "Hadi, duruşma başlamadan söyleyin!"

Hippias, "Söz konusu olan sadece o ikisi değil!" diye bağırdı.

Eupolis, "Ne? Ama Troilos sadece onlardan bahsetti," dedi.

"Bu doğru değil! Bütün pentatloncular işin içinde! Sadece kaçırma değil, rüşvet de söz konusu."

Paison, "Bu konuda neredeyse her şeyi biliyoruz. Ancak bunu kanıtlayamıyoruz. Senin yardımın olmazsa da onları yakalayamayacağız," diye ekledi.

Eupolis dehşet içinde çocuklara baktı. "Rüşvet mi? Korkunç!" Başını iki yana sallamaya başladı. Tekrar rahatladığında, "Burada olacağım," diyerek çocuklara söz verdi. "Olimpiyat Meclisi'nin doğru kararı alması için her şeyi bilmeliyim." Sonra başhakem olduğunu hatırlayarak, "Ama şimdi stadyuma girmeliyim," dedi. Kapıdan içeri girmeden önce tekrar geriye dönüp baktı. "Siz başından beri haklıydınız. Bu kadar dikkatli olduğunuz için mutluyum." Sonra da hızlı biçimde stadyum tüneline doğru kayboldu.

Hippias arkadaşlarına bakıp gülümsüyordu. Eupolis'in övgüsünü almanın hiç de kolay bir şey olmadığını hepsi iyi biliyordu. Şimdi kendileriyle gurur duyuyorlardı. Çocuklar da tekrar stadyumdaki yerlerine doğru gittiler.

Xenophon haklıydı, bugün her zamankinden daha da sıcaktı. Seyirciler sıcak havada kullanılan kuyulardan ve koşu pistinin etrafındaki kanallardan sık sık su alıyor, yüzlerine püskürtüyorlardı.

Hakemler tünelden stadyuma girdiler, tam arkalarında da güreşçiler vardı. Troilos ve Kapros en arkada yer alıyorlardı.

Çocuklar, Asklepios'un şaşkınlıkla Kapros'a gözlerini dikmesini izliyorlardı. Genç yarışçının alaycı gülüşü birden yok olmuştu. Sanki bir yeraltı canavarını görmüş gibi bakıyordu. Ama Kapros onu hiç görmemiş gibi davranıyordu.

Kurallar çekildi. Yedi güreşçi de içinde harflerin olduğu bronz kaptan bir harf çekti. Aynı harfi çekenler birbirleriyle güreşeceklerdi. Bir kişi de yalnız kalacağı için ilk turda boş kura çekip güreşmeyecekti.

Hippias içinden, "Umarım Kapros boş kurayı çeker. Tüm gücüne çok ihtiyacı olacak," diye diledi.

Gerçekten de Kapros şanslıydı. Diğer güreşçiler birbirleriyle güreşirken o, onları yakından izleyip eksik yönlerini görme şansına sahip oldu. Bu onun için çok önemliydi çünkü güreşçiler arasında vücudunu iyi kullanan profesyonel ve çok deneyimli olanlar vardı.

Her zaman olduğu gibi güreşler uzun sürdü ama sonunda güreşçiler rakiplerini üçer kez yere yatırmış, kazananlar da belli olmuştu.

Şimdi sıra Kapros'a da gelmişti. Kura sonucunda kilosu ondan oldukça fazla olan Rodoslu bir güreşçiyle karşılaşacaktı.

Çocuklar heyecanla güreşi izliyorlardı. Yarışçılar kazanmak için rakiplerini üç kez yere yatırmak zorundaydı. O esnada rakibin omuzları, bel veya sırtı da yere değmeliydi. Rakip ne kadar uzun boylu ve kilolu ise, onu yere yatırmak o kadar zor oluyordu. Ama Kapros direnci ve inadıyla bunu başardı. Rakibi onu ayaklarından çekmeye çalışırken, Kapros onu üçüncü kez sırt üstü yatırdı ve böylece kazanmış oldu.

Ve sonunda o an geldi. Asklepios da rakibini yenmişti. Sadece ikisi kalmıştı artık. Kum zeminde karşı karşıya kaldılar ve gözleriyle birbirlerini ölçmeye başladılar. İkisi de çok gergindi. Seyirciler de bunun basit bir güreş olmayacağını hissediyorlardı. Stadyumu sessizlik kaplamıştı.

Sonra hakemler başlama işaretini verdiler. Asklepios hemen saldırmaya başladı, ikisi de öfke içinde ve acımasızca güreşiyordu. Güreş bitmek bilmiyordu. Kapros birinci defa yere düşünce, Nike bağırarak ayağa kalktı. Ama çocuklar onun hiç pes etmeden cesurca güreşmeye devam ettiğini ve arka arkaya Asklepios'u iki kez yere yatırdığını gördüler. Sonra Asklepios aniden arkadan gelerek Kapros'un boğazına sarıldı. Kapros nefes alamıyordu. Yüzü kıpkırmızı kesildi ama yine de Asklepios'un kolunu boğazından çözmeyi başardı ve göğsünden güç alarak yere doğru eğildi. Sırtını eğerek dizlerinin üzerine çöktü. Asklepios'tan hızlı davranarak hemen ayağa kalktı ve onun omuzlarını kavrayarak havada fırlattı. Asklepios'un gücü iyice tükenmişti ve karşı koyamadan kumun üzerine uzandı. Troilos mutluluktan bağırıyordu. Oğlu Asklepios'u çok zor bir hamle olan 'uçan kısrak' hamlesiyle yenmişti.

Kapros Olimpiyat şampiyonuydu artık.

Çocuklar Kapros'un yanına koşmak istiyorlardı ama sadece çalıştırıcısı Troilos'un böyle bir şey yapmaya izni vardı. Mutluluk içinde oğluna sarıldı.

Gürültünün içinden birden Nike, "Bakın! Asklepios!" diye bağırdı.

Asklepios, birbirlerine sarılan Troilos ve Kapros'a öfkeli bir bakış attıktan sonra kumun üzerindeki deri kepini aldı ve stadyumdan yürüyerek çıktı.

Hippias gülerek, "Bu anı uzun süre unutamayacaktır!" dedi.

Stadyumdaki coşku biraz azaldığında, Eupolis Kapros'a işaret ederek hakemlerin tribününe gelmesini istedi. Yarın yapılacak olan madalya törenine kadar takmak üzere şampiyona verilen kırmızı şeridi başına sardı.

Oyunlar boks müsabakaları ile devam ediyordu. Ama çocuklar Eupolis'in yerinden kalkıp seyircilerin arasından geçerek karşı taraftaki hakemlerin binasına doğru gittiğini görünce, onlar da hemen yerlerinden kalktılar. Troilos ve Kapros'u görüşmeye götürmek için hızlıca Yankı Salonu'nu dolanarak stadyum tüneline gittiler. Kapros, Yankı Salonu'nun arkasındaki odada hızlıca kıyafetini giydi, güreş sahasındaki gibi vücudu yağ ve kum içinde onlara katıldı.

Sonunda hepsi birlikte hakemlerin binasındaydılar. Eupolis, yüzü mutluluktan parlayan Kapros'u başarısından dolayı tebrik etti ve sonra da çocuklara doğru döndü.

"Şimdi sizin raporunuzu dinlemek istiyorum. Hadi başlayın."

Troilos, şaşkınlık içinde Hippias'a bakıyordu. Ama en küçük oğlu hiç etkilenmeyerek diğerlerinin yardımıyla neleri ortaya çıkardıklarını anlatmaya başladı. Kapros'un ortadan kaybolmasıyla Kallippos ve diğer pentatloncuları nasıl takip edip dinlediklerini, Sosias'ın hazine binalarına gittiğini görünce de, Argos'un yardımıyla Kapros'u nasıl bulduklarını ve dün gece Prytaneion'da neler olduğunu bir bir anlattılar.

"İşte papirüs de burada." Hippias papirüsü Eupolis'e uzattı.

Eupolis çocukların anlattıklarını dehşet içinde dinledi. Bu hainliğe inanamıyordu. Diğer hakemlerle birlikte suçluları cezalandırmak için tüm sorumluluk ondaydı.

Papirüsü okuduktan sonra da, "Bunu kimin yazdığını bilmem lazım," dedi. Sopa taşıyıcılarını çağırdı, "Kallippos'un hemen alıp buraya getirin! Kylon ve Asklepios'u da getirin. Üçüyle de konuşmak istiyorum," diye emretti.

Kallippos ve diğer iki pentatloncunun getirilmesi uzun sürmedi. Kallippos toplananları görünce derin bir nefes aldı.

Kızarak, "Bu da ne oluyor şimdi?" diye bağırdı. "Ağır bir suçlu gibi niye beni sopa taşıyıcıları ile buraya getirtiyorsun? Oğlumu ve onun arkadaşını da? Burada neler oluyor?"

Eupolis daha bir şey söyleyemeden, Troilos'un sabrı tükenmişti. "Hâlâ bunu mu soruyorsun, sahtekâr? Oğlumu müsabakalara çıkamasın diye kaçırtıp hapsediyorsun ve şimdi de sanki bir şey olmamış gibi küstahça davranıyorsun. Burada konunun ne olduğunu çok iyi biliyorsun sen!"

Kallippos, Troilos'un etrafında dolanıyordu. Hippias aniden, "Susun! Eupolis konuşacak!" diye bağırdı.

Troilos şaşkınlıkla oğluna baktı ve sustu. Kallippos da Eupolis'e dönerek sinirli bir biçimde, "Ne var?" dedi.

Eupolis, bir kez daha çocukların son günlerde gördüklerini anlattırdı.

Çocuklar anlatırken, Kallippos ağzı açık dinledi. Çocuklar sonunda da onun rüşvet ve kaçırma olayında parmağı olduğunu söyleyince, sarsılarak taburesine oturdu.

"Ben böyle bir şeyi asla yapmam! Böyle şeylerin Olimpiya'da yeri yoktur. Ayrıca bilmenizde yarar var, bu benim yazım değil," diyerek papirüsü işaret etti.

Çocuklar birbirlerine baktılar. Mağdur rolü mü yapıyordu yoksa söyledikleri gerçek miydi?

Troilos sinirlenerek, "Kendini suçsuz gibi gösterme! Ben kazanamayayım diye beni yemekte zehirlediğinden bu yana senden her şey beklenir," dedi.

Çocuklar gergin biçimde Kallippos'un her hareketini izliyorlardı.

Kallippos Troilos'a baktığında yüzünde gerçek bir şaşkınlık ifadesi oluştu.

"Sen neler diyorsun? Ben böyle bir şey yapmadım. Senin fenalaştığını biliyorum, ama bildiğim kadarıyla bu, nehirden içtiğin su yüzünden olmuştu. Biz hepimiz üzüm suyu içmiştik, ama sen ertesi gün yarışma olduğu için içmek istememiştin. Hatta seni uyarmaya çalışmıştım ama sen dinlememiştin. Herkes içinde insanların yüzdüğü bu suyun ne kadar tehlikeli olduğunu bilir." Konuşurken sürekli başını sallıyordu. "Sana bazen şaka yaptığımda, bundan dolayı mı bana kızgındın hep? Oyunlardan önce bunu herkes yapar. Gerçekten de seni zehirlediğime inandın mı?"

Odada sessizlik oluşmuştu. Pentatloncular dışında herkes, Troilos'in birkaç gün önce Kallippos'a nasıl öfkelendiğini görmüştü. Diğerleri onun gösterdiği öfkeyi biraz abartılı bulmuşlar ama Kallippos hakkında anlattıklarına da inanmışlardı. Şimdi Troilos nasıl tepki verecekti?

Troilos kaşlarını çatarak bekliyordu. Hippias onun tekrar öfkelenmesini beklerken, Troilos gülümsemeye başladı. Sonra da başını iyice kaldırarak yüksek sesle güldü. Herkes etkilenerek gülmeye başladı. Taburesinden kalkan Kallippos'un üzerine doğru gitti ve onu kucakladı. Hippias sırıtmaya başladı. Babası yanıldığını kabul ederek çok nazik bir biçimde özür diledi.

Nike birden, "Hey, sen nereye gidiyorsun?" diye bağırdı ve Leon, bir sopa taşıyıcısı ile birlikte Kylon'un peşinden koşmaya başladı. Tam herkes gülerken, Kylon da ortadan kaybolmak istemişti. Onu hemen yakalayıp geri getirdiler.

Hippias, "Demek ki Kylon'muş." diye fısıldadı. "Suçlu Kylon'dur."

Pasion, "Biz hep yanlış kişiden şüphelenmişiz demek ki!" dedi.

Leon, "Belki de Kallippos'un olanlardan hiç haberi yoktu," diye ekledi.

Nike, parmaklarını dudaklarına dokundurarak Kylon'u işaret etti. Kylon süklüm püklüm, Eupolis'in önünde duruyordu. Ama daha sorulara cevap vermeden, Kallippos yanına gelerek, "Hadi oğlum! Şimdi bütün olanları bize anlatacaksın!" diye bağırdı. "Çocukların iddia ettiği gibi, pentatloncular rüşvet verdin mi? Söylediklerine de dikkat et! Gerçeği istiyorum ben!"

Kylon babasına baktı ve başını eğdi. Kallippos öfke içinde, oğlunun başındaki Olimpiyat şampiyonluğunu gösteren kırmızı şeridi çekip aldı. "Bunu da hak etmedin sen. Periodonikes ha! Güldürme adamı! Peki, kaçırma olayı nedir? O da mı senin işin?"

Kylon, "Ondan haberim yok," dedi.

Çocuklar bu arada Asklepios'un ona hızlıca bir bakış attığını ve hemen başını çevirdiğini gördüler.

Eupolis Asklepios'a dönerek, "O zaman suçlu sensin demek?" diye sordu.

Asklepios, "Hayır! Ben sadece rüşvet işinde vardım," dedi.

Hippias öfkeyle, "O zaman Sosias benim kardeşimi neden hazine binasına kapattı? Neden ona yemek götürdü?" sordu.

Asklepios, "Bunu yaptı mı?" diyerek sırıttı.

Kapros araya girerek, "Evet, yaptı. Ben de oradaydım. Bunu en iyi ben biliyorum! Sosias ayrıca beni dövdü! Bunlar öyle kolay unutulacak şeyler değil," dedi.

Asklepios haince, "Öyle mi?" diye sordu. "Bakar mısın, burada neler de anlatılıyor. Ant içme töreninden sonra kendini hazine binasına kapattırdığın söyleniyordu. Korktuğun için bunu yaptığın konuşuluyordu. Benim bununla bir ilgim yok!"

Troilos Asklepios'un üzerine yürümek isteyen Kapros'u kolundan tuttu ve geri çekti. "Nasılsa kim olduğunu buluruz! Sabırlı ol!"

Ama sanki bir şey bilmiyormuş gibi de görünüyordu.

Asklepios arsız biriydi. Kendine güven duyuyor gibi görünerek bekliyordu. Anahtar görevlisi Milon bildiklerini anlatmıştı ve Asklepios bunları kendi lehine kullanıyordu. Çocuklar bunun tersini nasıl kanıtlayabileceklerini düşünmeye başladılar.

Nike aniden, "Benimle hazine binasına gelmelisiniz. Orada size bir şey göstermek istiyorum," diye bağırdı.

Eupolis kızına baktı. Zavallı Rhea! Oyunlardan sonra Nike'nin sıradan bir kızın hayatına geri dönmesi çok güç olacaktı. Eupolis buna rağmen gülümsedi. Zeki bir kızı vardı, bu inkâr edilemezdi. "Tamam, seni takip ediyoruz."

Sopa taşıyıcıları, Kylon ve Asklepios'a dikkat ederken, diğerleri yola çıktılar. Eupolis de kapıyı açması için Milon'u çağırttı.

Nike, "Mutlaka orada olmalı! Olmalı!" diye mırıldanıyordu.

Hippias hayretle ona bakıyordu. "Ne yapmak istiyorsun?"

Ama Nike çoktan Apollon heykelinin yanından koşarak arka odaya girmişti. "Şuraya bakın!" diye bağırdı.

Nike, diğerlerine ne göstermişti?

Bunlar Da Olimpiya'da Oluyor!

Ciddi yüz ifadeleriyle hazine binasından çıktılar. Milon tekrar kapıyı kilitledi, Eupolis onun da birlikte gelmesini rica etti. Milon artık sırıtmıyor, şaşkın biçimde, hakemlerin binasında onları bekleyen Kylon ve Asklepiaos'un yanına gidiyordu.

Asklepios, "Artık buradan ayrılabilir miyiz?" diye sordu.

Eupolis öfkeyle, "Hayır. Önce bana Kapros'u niye kaçırttığını açıklayacaksın," diye cevap verdi.

Asklepios tam tekrar alaycı biçimde gülümsemek isterken, Nike yemek artıklarının içinde olduğu bir tabağı masanın üzerine koydu. Yanına da Kapros'un torbasından ilk gün satın aldığı Zeus heykelciğini çıkarıp koydu.

"Bunlar hazine binasındaydı."

Eupolis sert bir dille, "Bu eşyaların yeri hiç de orası değil," diyerek ekledi.

Nike, "Bunlar gösteriyor ki..." diye devam etmek istedi.

Asklepios birden, "Bunları görmedim. Oraya da ben götürmedim," dedi.

Hippias sinirlenerek, "Sosias ağabeyimi içeriye kilitlediğinde içinde heykelciğin olduğu torba yanındaydı," dedi.

Pasion, "Yemek kalıntıları ise bugünden. Sosias'ın yemeği oraya götürdüğünü gördük."

Kapros öfkelenerek, "Yemeği ben yedim. Tabağı da tanıdım," dedi.

Nike, "Ama tabak o kadar..." dedikten sonra Asklepios sözünü kestiği için kaşlarını çattı.

Asklepios omuzlarını silkeleyerek, "Ne olmuş ki? Dediğim gibi, benim bunlarla ne ilgim olabilir ki? Ben birini saklayacak olsam bile, ziyaretçilere açık bir hazine binasına saklayacak kadar aptal değilim," dedi.

Buna çocuklar da o zaman şaşırmıştı. Ama o anda Milon söz aldı. O ana kadar sadece dinlemişti ve Kapros'un suçsuz yere hazine binasına hapsedildiğini anladı.

"Ama ben anlamıyorum. Sikyonluların hazine binası sadece birinci gün yapılan ant içme törenine kadar açıktı. Diğer günler ziyaretçi saatlerinde açık değildi. Sikyonlu Timanthes, oyunların ikinci gününde sabah çok erken saatlerde şehrin elçisi olarak bize geldi ve bundan sonra hazine binasına ziyaretçi almamamızı söyledi."

Eupolis, "Pentatlon yarışçısı Timanthes mi?" diye sordu.

"Evet, ta kendisi. Çökmek üzere olan çatının tamir edilmesi gerekiyormuş dedi. Bu nedenle de tamir sürerken içerisi ziyaretçiler için tehlikeli olurmuş. Gerçi ben bu onarım niye oyunlardan önce yapılmadı diye hayret ettim, ama bir yıldır kapıyı hiç açmamıştık."

Pasion, "Ama bizim içeriye girmemize izin verdin. Aslında bunu yapmamalıydın."

Milon, Eupolis'e güvensiz bir bakış atarak, "Ama siz acil bir durum olduğunu söylediniz. Kapıyı açmak zorundaydım. İşte ben de o zaman Timanthes'in bahsettiği onarımın aslında olmadığını gördüm," dedi.

Asklepios sabırsızca gözlerini devirerek, "Gördünüz mü, benim bununla bir ilgim yok. Asıl Timanthes'e sormanız lazım," dedi.

Hippias öfkelenerek, "Siz hepiniz işin içindesiniz!" dedi.

"Senin kölen bana yemek getirdi." Kapros sakin kalmaya çalışıyordu. "O, sadece senden emir alır, başka birinden değil. Ben de rüşvet alayım diye hep peşimden koşturdun. Benim de böyle bir şey yapmayacağımı biliyordun. Bu nedenle de köleni gönderdin, o da beni döverek hapsetti. Aynen böyle oldu!"

Asklepios başını iki yana sallayarak, "Çok komik!" dedi.

Hippias ve Kapros birbirlerine baktılar. Bu şekilde yol alamayacaklardı. Asklepios ustaca herkesin sözünü boşa çıkartıyordu, hatta kurbanı Kapros'un bile. Ama bir şekilde Asklepios'un yalan söylediği kanıtlanmalı ve itiraf etmesi sağlanmalıydı.

Nike de nihayet söz alabildi.

"Bir dinler misiniz!" diye bağırdı. "Kapros son ziyaret saatinde hazine binasına gitmiş olamaz ki!"

Diğerleri şaşkınlıkla ona baktılar.

Eupolis kızına, "Peki, niye? Bunu nereden biliyorsun?" diye sordu.

Nike hazine binasından alınan Zeus heykelciğini gösterdi. "O, önce ant içti ve sonra heykelciği satın aldı."

Pasion, "Bu doğru. Dükkân sahibi de bunu doğruladı," dedi.

Nike, "Ama Milon hazine binasını ant içme töreninden önce kilitlediğini söylüyor ve sonra da içeriye kimseyi almamış," dedi. "Heykelcik Kallippos'un yalan söylediğini kanıtlıyor. Kapros törenden sonra nasıl olur da Zeus heykelciğiyle içeri girer?"

Hippias, "Bu mantıklı geliyor!" dedi.

Asklepios kuşkuyla heykelciğe baktı, sonra da omuzlarını silkti.

Leon söz aldı. "Sosias'ın seni nasıl koruduğunu da duydum. Ayrıca, pentatlonda bir acemi gibi davranmak için kendince nedenlerin varmış."

Asklepios'un yüzü kızardı. "Ben bir acemi, peh!"

Sosias'ın adı geçince, Hippias'ın aklına Xenophon'un anlattıkları geldi.

"Asklepios! Uzun antrenmanların sana çok pahalıya mı patladı?" diye sordu.

Asklepios telaşlanmaya başlamıştı. Alnında birden ter damlaları belirdi. "Bu seni ilgilendirmez!" diye bağırdı.

Ama Hippias hiç etkilenmemiş gibi, "Bu nedenle mi rüşvet aldın ve onurunu sattın?" diye devam etti.

Asklepios'un elleri titremeye başlamıştı ama susmaya devam ediyordu. Kylon huzursuz olmuş biçimde Hippias'a baktı.

Nike, Pasion ve Leon heyecanla ne olacağını bekliyorlardı. Hippias tam on ikiden vurmuş gibiydi.

Eupolis, "Hadi, cevap ver!" diye bağırdı.

Troilos zorlanarak da olsa öfkesini bastırdı. Kapros da Asklepios'a meydan okurcasına bakıyordu.

Asklepios sonunda sıktığı dişlerinin arasından gönülsüzce, "Evet!" dedi. "Şimdi mutlu oldun mu?"

Hippias, "Hayır," dedi. Kendini oldukça rahatlamış hissediyordu. "Sen benim ağabeyimi, istediğini yapmadığı için dövdürdün ve hapsettin."

"Doğru!" diyerek Kapros söze girdi. "Ben senin için tehlikeliydim çünkü. Ben kazanmaya çalışacaktım. Sen de buna izin vermek istemiyordun."

Hippias, "Ve kazanmış olsaydı, o zaman Kylon'dan para alamayacaktın. Hiçbir şeyin olmayacaktı," dedi.

Asklepios öfkeyle Hippias'a bakıyordu. "Seni küçük canavar! Yaptıysam sana ne! Benim sonumum da Sosias gibi olmasını mı istiyorsun? Kylon'un teklifi tam zamanında geldi. Ve senin ağabeyin neredeyse her şeyi bozacaktı."

Kapros öne fırladı ama Troilos onu ikinci defa, Asklepios'un yüzüne yumruğunu vuramadan durdurdu.

Hippias kalabalığın içine, "Bu söylediklerin bir itiraftır," diye bağırdı.

Eupolis başını eğerek, "Susun! Kylon sen ne biliyordun?" diye sordu.

Kallippos da araya girerek oğluna öfkeyle, "Söyle! Bunu biliyor muydun?" diye sordu.

Kylon babasına suçluluk içinde baktı ve en iyisi gerçekleri söylemek diye düşündü.

"Hepimiz bunu biliyorduk. Bu nedenle de Timanthes şehrinin hazine binasını saklanılacak yer olarak belirledik, elçiliğin anahtarını temin ettik ve her yerde hazine binasına girilemeyeceğini yaydık. Asklepios da Kapros'u hapsetmek ve ona yemek vermek için Sosias'ı gönderdi. Amacımız ona zarar vermek değildi. Sadece pentatlona katılması engellenecekti."

Hippias, "Peki, papirüs hakkında ne biliyorsun? Onu sen yazdın değil mi?" diye sordu.

Kylon başını eğerek, "Evet," dedi. "Kapros'u ziyafetten sonra serbest bırakmayı planlamıştık. Ama bu iyi bir fikir değildi, çünkü hemen Eupolis'e koşacaktı. Bunu baştan düşünemedik. Ben oyunlardan sonra da biraz daha hazine binasında kalmasını daha güvenli bulmuştum. Böylece oyunlar bitmiş olacaktı ve artık bize zarar veremeyecekti. Her şeyin son anda bozulmaması için de Asklepios bunu en hızlı biçimde halletmeliydi."

Kallippos öfkeyle, "Ve sen de papirüsü Asklepios'a vermemi sağladın. İnanılmaz!" dedikten sonra oğluna sırtını döndü ve sakinleşmeye çalıştı. Biraz sakinleştikten sonra, "Eupolis, şimdi ne olacak? Bunların hepsi suçlu. Bu büyük bir utanç!" dedi.

Eupolis, "Olimpiya'nın kurallarına göre Kylon kazandı," dedi. "Yarışmadan sonra onu şampiyon ilan ettim. Bunu geri alamam. Kylon Olimpiyat şampiyonudur, hatta Periodonikes olmuştur. Zeytin dalı onun olacak. Bu kesin."

Nike sinirlenerek, "Ya cezası? Ceza verilmeyecek mi?" diye sordu. O anda Xenophon'un onlara söylediklerini hatırladı.

"Bunu hakemler ve Olimpiyat Meclisi ile görüşeceğiz. Karar yarın madalya töreninde Zeus Tapınağı'nın önünde açıklanacak. Herkes duymalı ki, bundan sonrası için de bir uyarı olsun. Tüm Yunanistan burada toplandı ve tüm Yunanistan da bu kararı duymalı."

Kallippos mutsuz biçimde bir kez daha, "Büyük bir utanç!" diye fısıldadı.

Çocuklar üzülmüştü, çünkü onun hakkındaki düşünceleri tamamen değişmişti. Leon'un babası Timon haklı çıkmıştı. Kallippos dostça ve dürüstçe davranmıştı. Hatta oğlunun en büyük suçlu olmasına rağmen, olayın aydınlatılması için yardımda bulunmuştu.

Çocuklar hakemlerin binasını terk ederlerken, Xenophon dışarıda bekliyordu.

Xenophon üzülerek, "Her şeyi duyduk, sesler dışarıya kadar geldi," dedi. Onun çevresinde de bazı meraklılar toplanmıştı. "İşte, bunlar da Olimpiya'da oluyor."

Xenophon toplananlara dönerek yüksek sesle, "Bundan yüz seksen yıl önce ünlü ozan Pindaros'un bir şiirinde söylediği gibi bir durumu yaşıyoruz: *'Onlar gizli yollardan sızarlar, gören gözlerden kaçarlar; onlar kendi ağrılarına ve mağlubiyetlerinin dikenlerine terk edilmiştirler.'* Bu dizelerle Olimpiya'daki spor oyunlarında onuruyla kaybedenleri kastediyordu, alçakları değil." Dinleyiciler başlarını salladılar. "Şimdi meclisin kararını bize getirecek olan yarını bekleyeceğiz."

Hedeflediği şeye ulaşmıştı. İnsanlar şaşkınlık içinde dağılarak duydukları hakkında konuşmaya başlamışlardı.

Çocuklar madalya töreninin yapılacağı ertesi gün nehir kıyısından kutsal alana gittiklerinde, Xenophon da onlara doğru geliyordu.

"Troilos ve Kallippos sizi Zeus Tapınağı'nın önündeki Nike heykelinde bekliyorlar. Leon ve babası Timon da orada. Benimle gelin, oradan madalya törenini çok iyi görebiliriz."

Tapınağı çevreleyen heykel bahçesindeki Nike'nin heykeli görülmeyecek gibi değildi. Yaklaşık yirmi beş adım yüksekliğindeki bir sütunun üzerinde duruyordu. Yavaşça öne eğilmişti, kanatları açıktı, pelerin ve elbisesi rüzgârda uçuşuyordu. Ayakları sütuna değmiyordu, çünkü altında, Zeus'un kuşu olan bir kartal uçuyordu.

Xenophon hayranlıkla, "Heykel taştan yapılmış ama çok güzel değil mi?" dedi. "Heykeli bundan yüz yıl önce Mendeli Paionios yaptı. Onu şöyle göstermek istiyordu: Nike sanki zaferin elçisi olarak tanrıların Olimpiya'sından buradaki Olimpiya'nın şampiyonlarına doğru uzanıyordu. Mendeli Paionios ayrıca Zeus Tapınağı için yapılan sanatçı yarışmasına da katılmış ve onu da kazanmıştı. Tapınağın çatısında onun eserini görebilirsiniz. Oradaki figürler Pelops ve araba yarışının öyküsünü sahneliyor. Ama bunu size daha önce anlatmıştım."

Hep birlikte Troilos, Timon ve Kallippos geldiklerinde, Olimpiyat şampiyonlarından bazıları başlarına bağladıkları kırmızı şeritlerle tapınağa doğru yürüyorlardı. Orada bronz kapının ve Zeus'un gözlerinin önünde, altın ve fildişi bir masa vardı. Masanın üzerinde kutsal zeytin ağacının dallarından yapılmış taçlar duruyordu. Ama başlamadan önce herkes hakemlerin gelmesini beklemek zorundaydı.

Xenophon, Kallippos'a dönerek, "Dün sana bütün bunlardan nasıl üzüntü duyduğumu söyleyemedim," dedi.

Kallippos cesurca güldü. "Öyle mi? Xenophon, gerçekten çok naziksin. Şimdi kendimi büyük Diagoras gibi hissedeceğim ve oğlumla gurur duyacağım."

Xenophon, "Sana tam olarak inanmıyorum," diye cevap verdi. "Rodoslu Diagoras da boksta Periodonikes olmuştu ve onun da kendisi gibi olmak isteyen oğulları vardı. Kallippos sen yine de onun gibi olmayı dileme. Yüz yıl önce Diagoras da oğullarının madalya törenini seyretmek için neredeyse şu an senin durduğun yerdeydi. Ama heyecandan kalp krizi geçirdi ve kurtulamadı. Ama seni daha uzun süre aramızda görmek isteriz."

Kallippos, çocuklar ve babaları, hep birlikte gülüştüler. Xenophon öyküleriyle konuları kendine özgü bir yetenekle ortaya koyar, kendine acımaya izin vermezdi.

Hippias aniden, "Asklepios ve diğer pentatloncular nerede?" diye sordu.

Troilos, "Bu gece sessizce ve gizlice ortadan kayboldular. Ama sopa taşıyıcıları onları bulurlar. Cezalarından öyle kolay kurtulamazlar."

Hakemler nihayet süslü kıyafetleri içinde geldiler. Çocuklar, onların tapınağın basamaklarından nasıl çıktıklarını izlediler. Haberciler ve trompetçilerin şampiyonları, çaldıkları enstrümanlarla oyunların kapanış töreninin başladığını duyuruyorlardı.

Önce genç atletlerin şampiyonları ödüllendirildi. Leon, başındaki şampiyonluk tacı ile tezahüratta bulunan seyircinin önüne çıkan Korintli gence biraz kıskanarak bakıyordu. Pasion elini onun omuzuna koyarak, "Dört yıl sonra sen orada olacaksın!" dedi.

"Bakacağız. Belki sen benden daha hızlı koşarsın. Maalesef sen de o zamanki yarışa katılacaksın." Leon tekrar gülmeye başladı.

Şampiyonlar arka arkaya Eupolis'in önüne çıktılar, başlarına taç takıldı ve alkışlandılar. Koşucular, silahlı koşucular ve atletler sırayla ödüllerini aldılar.

Hippias, sonunda ağabeyi gururlu biçimde seyircinin önüne çıkınca hayranlıkla, "Kapros!" diye bağırdı. Troilos da gurur duyuyordu. Yakında burada oğlunun da bir heykeli duracaktı.

Atlılar ve araba sürücülerin başına sadece bir şerit takıldı, Eupolis taçları eskiden beri olduğu gibi, atların ve koşumların sahiplerine taktı.

Nike, "Kylon gidiyor, bakın!" diye bağırdı.

Eupolis törenin en sonunda ve oyunların programı dışında Kylon'u çağırdı.

"Seni Olimpiyat Oyunlarının şampiyonu olarak ödüllendiriyorum. Pentatlonu kazandın," dedi ve zeytin dallarından yapılmış tacı Kylon'un başına geçirdi.

Eupolis elini seyirciler Kylon'a da tezahürat yapmak üzereydiler. Birden sessizlik oldu. Bu alışılmış bir durum değildi.

"Ve seni rüşvet vermekten, ayrıca rakibin Kapros'u kaçırmaktan dolayı suçlu buluyorum. Seni ve senin gibi pentatlona katılan diğer suçlu atletleri, özellikle de Epidauroslu Asklepios'u ve Sikyonlu Timanthes'i cezalandırıyorum."

Kylon boynu bükük biçimde donup kalmıştı. Atlet olarak bugün en büyük başarısını yaşıyordu ama bugün aynı zamanda hayatının en karanlık günüydü.

Seyirciler arasında uğultular oluştu. Bu bir skandaldı. Yüz yıl sonra da bu isimler nefretle anılacaktı. Hippias ve diğer çocuklar, korkudan yüzü solan Kallippos'u teselli etmeye çalışıyorlardı.

Eupolis konuşmasına devam etti. "Sizler Olimpiyat Meclisi tarafından cezalandırıldınız. Ceza olarak ünlü bir sanatçı tarafından yapılacak olan altı adet bronz Zeus heykelini bir sonraki oyunlara kadar stadyum girişine yerleştireceksiniz. Heykellerin üzerinde isimleriniz ve işlediğiniz suç yazılacak. Bu, gelecekteki atletlere bir uyarı ve gözdağı olarak hizmet edecek."

Hippias, "Bunu fazlasıyla hak ettiler!" diye Nike'ye fısıldadı. "Zaten, onları da bir Zeus heykelciği ele verdi."

Eupolis madalya töreninin bitirilmesini işaret etti. Müzisyenler son bir parça çalmaya başladılar ve şampiyonlar ellerindeki çiçek ve yapraklarla kutsal alan etrafında geçit töreni yapmaya başladılar. Farklı sunakların önünden geçerek şükran adakları sundular.

Seyirciler yavaş yavaş yaşadıkları şoku atlatmaya başlamışlardı. Olimpiya'da rüşvet ve adam kaçırma! İnanılmaz bir skandal! Şimdiden herkes heyecan içinde yaşananları birbirlerine anlatıyor ve her defasında da üzerine bir şeyler ekliyorlardı. Xenophon her şeyi keyfini çıkararak dinliyordu.

Gülerek, "Unutmayın! İnsanlar skandallardan hoşlanır!" dedi. "İnsanlar anlatmaya devam edecek ve her defasında da eklemeler yapacak, sonunda Kylon ve Asklepios daha da korkunç, hatta insan yiyen yaratıklar haline gelecekler. Bir süre sonra da her ikisi unutulacak. Daha sonra gelenler, sadece Zeus heykellerin üzerindeki isimlerini ve Olimpiyat şampiyonluğunun para ile değil ayakların çabukluğu veya kasların gücüyle kazanılabileceğini anlatan anlamlı cümleleri okuyacaklar. Bu kötülüğü yapan iki kişinin artık kim oldukları bilinmeyecek. Bu hep böyleydi. Şöhret her zaman geçicidir."

Xenophon haklıydı. Kısa süre sonra tekrar mutluluklar saçan gürültü başladı. Herkes, geçit töreninden sonra gecenin geç saatlerine kadar kutlanacak olan ziyafet yemeğini beklemeye başlamıştı. Hatta şampiyonlar Prytaneion'a davet edilmiş, ama diğer insanlar da orada kendilerine uygun bir yer bulmaya başlamıştı.

Xenophon, "Son günlerde yaşanan heyecandan sonra hep birlikte benimle Leonidaion'daki kutlamaya gelmek istemez misiniz?" diye sordu. "Gelirseniz çok mutlu olurum. Bu, göstermiş olduğunuz büyük cesaret ve kararlılık için de bir ödül olurdu. Ayrıca Naxoslu Leonidas da orada olacak. Anlatacak çok şeyi olan ilginç bir insandır."

Timon ve çocuklar teklife memnun oldular. Kallippos ise, son günlerde yaşananlardan sonra kutlama yapacak durumda değildi. Vedalaştıktan sonra kutsal alanda oğlunu aramak için oradan ayrıldı.

Troilos da gelemeyecekti. Kapros kendi şükran adağını sunduktan sonra, onunla birlikte her şeyi anlatmak üzere Antigone'ye gideceklerdi. Kapros'un şampiyonluğunu duymuştu ama o ve Rhea meclisin kararını ve Kylon ile diğer yarışmacılara hangi cezaların verildiğini bir an önce duymak istiyorlardı.

Troilos gururla, "Ancak ondan sonra oğlumla birlikte Prytaneion'da şampiyonların ziyafet yemeğine gideceğiz," dedi.

Hippias, "Çadırlara gittiğinizde Argos'a da ödül olarak büyük bir parça et verir misin?" diye rica etti.

Köpeklerden pek hoşlanmayan Troilos, "Veririm tabii ki," dedi. "Hatta onun kulaklarını bile okşarım. Ne de olsa Kapros'u o buldu!" Sonra da gülerek Hippias'a sarıldı. "Oğlum, aferin!" dedi ve Kapros'u aramak üzere hızlıca sunaklara doğru yürüdü.

Hippias mutlulukla onun arkasından baktı. Ağabeyinin şampiyonluğuna çok sevinmişti. Ama kendisinin ortaya koyduğu cesarete, korkusunu yenmesine ve babasıyla artık daha iyi anlaşabildiğine sanki daha çok seviniyordu.

Xenophon, Timon ve çocuklara dönerek, "Hadi gidelim o zaman!" dedi ve Zeus Tapınağı'ndan geçerek Leonidaion'un karşısındaki ziyafet salonunun kapısına doğru yürüdüler. "Benim misafirimsiniz. Çok özel bir insan olan Leonidas'la tanışacak olmanıza sevinin. Olimpiya'daki konuk evini dünyadaki lüks olan her şeyle donattı. Takdir edilecek bir şey bu! Biliyor musunuz? Eskiden, Pers prensinin ordusunun kumandanı olduğum dönemde hep daha rahat ve lüks yerlere özlem duyardım. Bir çadır rahat ve güzel olabilir ama sıcak renklere boyanmış bir mekân, yerlerdeki mozaikler, bol yastıklı rahat bir yatak çok farklı bir his, özellikle yaşlanınca. Bu güzelliği en iyi ancak bu biçimde tarif edebilirim..."

Hippias arkadaşlarına mutluluk içinde gülümsüyordu. Güzel bir kutlama olacaktı, hem de bol bol öyküler anlatılacaktı.

Çözümler

Sayfa 18 / Bölüm 1
Kapros'un pentatlona katılmasını engellemek isteyen, yarışmalardan önce bir şeyler yapmış olmalı. Pentatlon (Yunanca *pente*=beş, *athlos*=ödüllü yarışma) ikinci gün öğleden sonra yapılacak. O zaman çocuklar birinci gün ve ikinci gün öğleden öncesine dikkat etmeli.

Sayfa 31 / Bölüm 2
Xenophon ünlü birisi, kitapları günümüzde de okunan Atinalı bir politikacı ve yazar. Bu nedenle de Kapros onun öğrencisi olmayı çok istiyor. Ünlü kişiler oyunlar esnasında Olimpiya'daki konuk evi olan Leonidaion'da konaklıyorlar. Xenophon'un da burada küçük bir evi var.

Sayfa 44 / Bölüm 3
Hippias eşyaları tanıdığı için kendinden çok emin. Ama iyi bakılırsa, yağ testisinin üzerinde Kapros'un adının Yunan harfleriyle yazılı olduğunu görülecektir. Yunan alfabesini sayfa 158/159'da bulabilirsiniz.

Sayfa 56 / Bölüm 4

Dükkânlarda ve sehpalarda olimpiyat oyunları süresince insanların ihtiyaç duyduğu her şey satılmaktadır. Esnaflar mallarını toplamaya başlasa da, iyi bakılırsa, onlardan sadece birinin tapınaktaki küçük Zeus heykelciklerinin taklitlerini sattığı görülebilir.

Sayfa 68 / Bölüm 5

Harfler biraz karışmış. Teisamos onları fırlatırken bunu engelleyememiş. Ama yine de açık bir biçimde 'Pentathlon' sözcüğü görülmektedir. Bu Hippias için yeterli mi?

Sayfa 81 / Bölüm 6

Asklepios elbette rüşveti kastediyor. Bu durumda Olimpiya'da kaybedenler de kazanmaktadır. Sporcular normalde hiçbir şey kazanmadan geri dönecekler, çünkü her yarışta sadece tek bir kazanan vardır. Bu rüşvette Atina'nın onuru söz konusu olduğu için de, Asklepios pentatlon için iki Atinalı yarışmacıyı, Kallippos ve Kylon'u işin içine sokmalıdır.

Sayfa 93 / Bölüm 7

Kapros soldan ilk hazine binasında olmalıdır (Olimpiya'nın şehir planına bakın). Sosias bu hazine binasına giriyor, ama diğer köleler gibi dışarıya bir şey çıkarmıyor. Tam aksine içeriye yiyeceğe benzeyen şeyler taşıyor. Bunlar Kapros için değilse, neden böyle bir şey yapsın ki?

Sayfa 108 / Bölüm 8
Argos, papirüs şeridi herhalde yenecek bir şey olarak görüyor, çünkü onu Asklepios'un elinden kaparak alıp kaçıyor. Sonra da onu Hippias'ın önüne bırakıyor. Papirüs yumuşamış ve yırtılmış olmasına rağmen, Hippias üzerindeki yazıları okuyabiliyor.

Sayfa 124 / Bölüm 9
Nike gerçekten zeki. Hazine binasında Kapros'un yemek yediği tabakların ve ilk gün satın aldığı küçük Zeus heykelciğinin olduğunu hatırladı. Bunlar Asklepios'u ele verebilecek mi?

Antik Olimpiyat Oyunları

Yunan yarımadası Peloponnes üzerindeki Olimpiya'da bin yıl boyunca Zeus onuruna oyunlar düzenlendi. M.S. altıncı yüzyılda kutsal alan deprem nedeniyle tahrip oldu ve sel taşkınları ile beş metre çamurun altında kaldı. 1766 yılında Olimpiya tekrar bulundu. 19. yüzyıldan bu yana arkeolog ve mimarlar toprak altında kalan kalıntıları ortaya çıkarıp ölçmeye çalışıyorlar. Bugün antik Olimpiya'nın nasıl göründüğü ve yüzyıllar geçtikçe nasıl değiştiği hakkında giderek daha ayrıntılı bilgiler edinebilmektedirler.

Elis

Organizasyon: Peleponnes adasında bir şehirdevlet olan Elis her dört yılda bir oyunları düzenler, çünkü Olimpiya onun yönetim alanı içindedir. Eleer halkı da oyunlar esnasında Zeus şerefine adaklar adar.

Hakemler: On Hellanodiken ('Yunanlı hakem') diye adlandırılan hakemler halk arasından seçilir; üç kişi pentatlon, üç kişi at yarışları için, üç kişi koşular, boks, pankrasyon ve güreş için ve bir de başhakem seçilir. Atletler, oyunlar başlamadan önce hakemlerin kontrolü altında Elis'te antrenman yapar ve onların söylediklerini yerine getirirler. Oyunlara kimin katılacağına hakemler karar verir ve şampiyonları da onlar açıklar. Resmi şampiyonların listesini de onlar tutar.

Sopa taşıyıcılar: Sopa taşıyıcılar, hakemlere yardımcı olmak üzere düzenin sağlanması için hizmet veren polislerdir.

Olimpiya

Organizasyon: Olimpiya kutsal bir alandır. Burada tapınaklar, spor alanları, yönetim binaları, rahipler için evler ve diğer çalışanlar vardır. Yıl boyunca tüm Yunanistan'dan insanlar buraya Zeus'a adak sunmak veya fikir danışmak için gelir.

Rahipler ve falcılar: Her ay üç rahip değişimli olarak burada görev yapar. Tanrılara adak adarlar ve her ay bir sunak geçişi düzenlerler. İki medyum da, büyük Zeus Sunağı, onun çevresindeki sunakların adak külleri ve Prytaneion'daki Hastia ateşi ile ilgilenir.

Tören elçileri: En büyük ikinci makam iki tören elçisinindir. Olimpiyat oyunlarından bir yıl önce Yunan kentlerine daveti iletmek için gönderilirler. Aynı zamanda diğer tüm Yunan kutsal alanlarında olduğu gibi, tören barışını da iletirler. Olimpiya'ya gelmek isteyen tüm tören ziyaretçileri buraya güvenlik içinde hiçbir saldırıya uğramadan seyahat edebilirler. Peloponnes adasındaki şehirdevletler sürekli savaş halindedirler. Bu nedenle de Elis ve Olimpiya'ya giden yollar çok güvenli değildir.

Tanrılar ve Kahramanlar

Zeus: Zeus tanrıların babası ve en yüce Yunan tanrısıdır. Kutsal alan onun adını taşır ve oyunlar da onun onuruna düzenlenir. Zeus Tapınağı'ndaki on iki metre yüksekliğindeki heykeli, antik dünyanın harikalarından biridir.

Hera: Zeus'un karısı, kadınların ve ailenin tanrıçası olan Hera, Olimpiya'da ikinci büyük tapınağa sahiptir. Onun onuruna Elisli kızlar dört yılda bir 'Heraien' Olimpiyat oyunlarını düzenlerler. Bu oyunlarda sadece koşu yarışması yapılır. Zeus oyunlarındaki şampiyonlar gibi, Heraien oyunlarının şampiyonlarına da zeytin dalından yapılan bir taç takılır. Ayrıca Hera Tapınağı'nda da bir heykel yerleştirme hakkı kazanırlar.

Nike: Zafer Tanrıçası olan Nike, Olimpiyat oyunlarıyla doğrudan ilişkilidir. Zeus Tapınağı önünde duran sekiz metre yüksekliğindeki bir sütunun üzerinde bulunan heykeli tüm Yunanistan'da çok ünlüdür.

Demeter: Bereket ve Hasat Tanrıçası olan Demeter, Olimpiya'da Zeus'tan da önce kutsanıyordu.

Apollon: Işık, İlkbahar ve Sanat Tanrısı Apollon, Olimpiya'yı babasına hediye olarak sunmuştur. Olimpiya'daki medyumların da onun soyundan olduğu söylenir.

Herakles: Herakles hem bir fanidir, hem de Zeus'un oğlu olduğu için bir yarı tanrıdır. Sahip olduğu insanüstü gücü onu atletlerin koruyucu tanrısı yapmıştır.

Pelops: Efsanevi araba yarışını kazandıktan sonra ödül olarak hem Hippodameia'yla evlenmiş hem de kral olmuştur. Yarımadaya kendi adını andıran Peloppones'e adını vermiştir. Arkeologlar mezarını Pelopian'da bulamadılar, ama aynı yerde M.Ö. 3000 yıllarından kalma bir mezar tepesini ortaya çıkardılar. Bu alanın etrafında M.S. 11.yüzyılda Olimpiya'daki ilk kutsal alan oluşmuştur.

Olimpiyat Ateşi Yoktur

Olimpiya'da bir Olimpiyat ateşi veya meşalelerle yapılan bir geçit töreni yoktur. Tüm antik spor yarışmaları tanrıların onuruna düzenlendiği için, ateş Hestia Sunağı için yapılan kurban töreninden gelmektedir.

Atina'da yapılan Panathenaen oyunlarında tanrıça Athene için meşaleli bir yarışma düzenlenirdi. Bu yarışta atletler Akropolis'teki ateş sunağındaki ateşi yakmak için yarışırlardı. Bugünkü Olimpiyat oyunlarının ilk meşaleli yarışı 1936 yılında Berlin'de yapılmıştır.

Olimpiya'daki Binalar

Tapınaklar: Kutsal alan Altis'te tanrıların tapınakları vardır. Burası kutsal alanın merkezidir ve etrafı duvarlarla çevrilidir. Olimpiyat şampiyonları buraya heykellerini dikebilirler. Burada Zeus için adanmış eşyalar, kül sunağı ve diğer kurban sunakları bulunur.

Buleuterion ve hakemlerin evi: En önemli yönetim binaları içinde Olimpiyat andının içildiği Buleuterion, yani meclis binası (Yunanca: *bule*=meclis) ve hemen karşısındaki hakemlerin evi vardır.

Prytaneion: Bu bina, şehirdevletlerin seçilmiş politik temsilcileri içindir. Olimpiya'da kutlamalar için kullanılan resmi bir binadır. Burada ateşiyle kutsal alan içindeki tüm sunaklarda kurban edilenlerin tutuşturulduğu Hestia adına bir sunak vardır.

Leonidaion: Naxoslu Leonidas'ın yaptırdığı bu lüks bina 6000 metrekarelik alanıyla resmi ve ünlü konuklar için konaklama olanağı sağlar.

Phidias'ın atölyesi: Ünlü heykeltıraş Phidias'ın büyük Zeus heykelini yaptığı bu atölye, M.S. 5.yüzyılda bir kiliseye dönüştürülmüştür.

Hazine binaları: Yazar Pausanias'ın (M.S. 115-180) yazdıkları sayesinde yaşadığı dönemde bu binaların içinde ne olduğunu anlayabiliyoruz. Sikyonluların hazine binasında da gümüş ve altından tabaklar, heykellerin yanı sıra ahşaptan yapılmış diğer değerli eşyalar yer alır.

Spor Alanları ve Yarışmalar

Stadyum: Çıplak olarak yapılan yarışmaların (Yunanca: *gymnos*=çıplak, *agon*=yarışma) yapıldığı pist 192 metre uzunluğundadır. Tanrı Herakles'in ayak izinin ölçüsünün esas alındığı söylenir. (1 stadyum= 600 adım, 1 ayak=0,32 m; 1 stadyum= 192 m).

O zamanki yarışları bugünkü kısa ve orta mesafeli yarışlarla karşılaştırabiliriz: 200 m (*stadion*), 400 m (*diaulos*) ve 5000 m (*dolichos*). Silahlı koşularda yarışmacılar başlık, bacak koruyucu ve kalkan taşımak zorundaydı. Maraton koşusu 1896 yılından bu yana yapılmaktadır.

Antik pentatlonun (Yunanca: *pente*=beş, *athlos*=ödüllü yarışma) bugünkü pentatlonla (eskrim, atıcılık, yüzme, binicilik ve koşu) pek benzerliği yoktur. Antik pentatlonun dalları bugün bağımsız birer spor dalı olmuştur (disk atma, uzun atlama, cirit atma, güreş ve koşu).

Antik atletizm de bugünden farklıdır. Ayakta yapılan güreşte rakip üç kez yere yatırılmak zorundaydı; yerdeki güreşte ise rakip pes edene kadar devam edilir. İki stilde de rakibi ısırmak ve göz, ağız gibi hassas yerlerine elini sokmak yasaktır.

O zamanki boks bugünkü bokstan daha ağırdı. Rakibe daha fazla zarar vermek için ellere deri şerit sarılırdı.

Pankrasyon ise, boks ile güreşin bir karışımı bir dövüş sporu olup, savaştaki yakın dövüşe benzer. Pankrasyonda ölen sporcular da olmuştur.

Hipodrom (Yunanca: *hippos*=at, *dromos*=koşu pisti): Burada atlar yarşırdı. Koşu pisti 600 m uzunluğunda ve 200 m enindedir. Seller nedeniyle bugün artık geride bir şey kalmamıştır.

At yarışları 2400 m (12 tur) ve taylar için 1200 m (6 tur) olarak yapılırdı. Dişi at yarışlarında binici son turda attan atlayıp onunla birlikte bitiş noktasına koşmak zorundaydı. Biniciler örtü ve koyun postu üzerinde oturur, bir kemerle sıkıca bağlanırdı. O zamanlar henüz üzengi kullanılmıyordu.

Araba yarışları iki veya dört atlı koşumlarla yapılırdı. Yarışlarda 3600 m (3 tur) ve 9600 m (8 tur) yol geride bırakılırdı.

Trompetçiler ve haberciler: Müzik yarışmaları Atina gibi şehirlerde ünlüydü. Bu yarışmalarda müzik okullarındaki branşlar yer alırdı: müzik, şiir ve spor. Müzik yarışmaları, akustiğin çok iyi olduğu yuvarlak veya kare biçimindeki yapılar olan Odein'da yapılırdı. Flüt ve lir çalanlar, şarkıcılar ve ozanlar kendi aralarında yarışırlardı. Olimpiya'da sadece ilk gün trompetçi ve haberciler Yankı Salonu'nun önündeki bir tepenin üzerine çıkarak yarışırlardı.

Gymnasion ve Palestra: Her şehirde olduğu gibi, sporcuların ihtiyaçlarını karşılamak için Olimpiya'da da antrenman alanları vardı; koşu pistleri, güreşçi ve boksörler için kum havuzları (Palestra), ders ve sunum salonları ile giyinme, yağlanma ve temizlenme odaları bulunurdu.

Ünlü Sporcular

Antik olimpiyatlarda binin üzerinde şampiyon vardır. Çoğunun adını şampiyonlar listesinden biliyoruz. Çoğu profesyonel sporcu olup yarışmadan yarışmaya giderler ve çok para kazanırlardı.

Sadece Olimpiya, Korinth, Nemea ve Delphi'de yapılan Yunan oyunlarında sporculara zeytin, çam, kereviz veya defne dallarından yapılan taçlar takılırdı. Ama atletlerin kazandığı böyle bir unvan onlara para ödülleri, heykeller ve geldikleri şehirlerde de iyi bir kariyer sağlardı. Hatta bazıları tanrılar kadar saygı görürdü.

Elisli Koribos M.S. 776 yılında sadece stadyum yarışında şampiyon oldu. O, ilk bilinen Olimpiyat şampiyonudur. Oyunlar daha da eski olmasına rağmen, onun şampiyon olduğu 776 yılı, oyunların başlangıcı olarak kabul edilir.

Krotonlu Milon farklı bir sporcuydu. M.Ö. 540-512 yılları arasında güreşte hiç yenilmedi ve yıllarca Periodonikes olarak kaldı, yani Yunan oyunlarındaki yarışmaları arka arkaya dört kez kazandı.

Krotonlu Astylos M.Ö. 480 yılında aynı gün içinde hem 200 m ile 400 m koşularında, hem de silahlı koşuda kazandı. Antik oyunlarda üç dalda da şampiyon olan çok az sayıdaki sporcudan biridir.

Rodoslu Diagoras Antik oyunların en ünlü boksörüdür. M.Ö. 464 yılında Olimpiyat şampiyonu olduğunda, aynı zamanda Periodonikes unvanını aldı. Daha sonraki oyunlarda oğulları da aynı gün boksta ve pankrasyonda şampiyon oldular. Mutluluktan oğullarının madalya töreninde öldüğü anlatılır, ama bu kesin bir bilgi değildir.

Spartalı Kyniska bir kralın kızıdır. M.Ö. 442 yılında atları Zeus oyunlarında araba yarışını kazanarak en ünlü Olimpiyat şampiyonlarından biri oldu.

Skandallar

Stadyum girişindeki 32 m boyundaki tünelin önünde on yedi tane bronzdan yapılmış Zeus heykeli vardır ve bu heykeller sporcuları dürüstçe yarışmaya çağırırlar. Bu heykeller, Olimpiyat tarihinde yanlış davranışlar gösteren sporcuların ve çalıştırıcıların ödediği cezaların paralarıyla yaptırılmıştır.

Thessalienli Eupolis M.Ö. 338 yılında boksta rakiplerine rüşvet vermişti. Bunlardan biri de Olimpiyat şampiyonu Halikarnassoslu Phormion'du. Kendisine altı Zeus heykeli yaptırma cezası verilmişti.

Atinalı Kallippos M.Ö.332 yılında rakiplerine rüşvet verdiği için altı Zeus heykeli yaptırma cezası aldı. Parası olmadığı için de, cezayı Atina şehri ödemek zorunda kaldı. Atina önce cezayı ödemek istemedi. Ama daha sonra Delphi'deki kehanet merkezi Atinalılara hizmet etmeyeceğini açıklayınca ceza ödendi.

Alexandrialı Sarapion M.S. 25 yılında pankrasyon yarışmasından bir gün önce rakibinden korkarak Olimpiya'dan kaçtı. Tarihte korkaklığından dolayı

Zeus heykeli yaptırma cezasına çarptırılan tek sporcudur.

Xenophon'un Öykülerindeki Geçen Ünlü Kişiler

Atinalı Xenophon (M.Ö. 426-355 yılları arasında Korinth ve Atina'da yaşamıştır) komutan, yazar ve politikacıdır. Çok sayıda kitap yazdı, özellikle de Yunanlıların tarihini yazdığı kitabı ve öğretmeni Sokrates için yazdığı savunma konuşması çok ünlüdür. At yetiştiriciliği ile ilgili yazdığı iki kitap bugün hâlâ kullanılmaktadır.

Atinalı Sokrates (M.Ö. 469-399) çok cesur, özel ve zeki bir insandı. Atina'da aralarında Xenophon, Aristoteles, Platon ve Öklid'in de bulunduğu çok sayıda öğrencisi vardı. Alışılmamış sorularla insanları düşündürdüğü ve tiyatro oyunlarında da alay ettiği için, birçok öğrencisi tarafından 'tanrı tanımazlık ve gençleri kötü etkileme' suçu işlediği iddiasıyla suçlanmıştır.

Makedonyalı Aristoteles (M.Ö. 384-322) Antik dünyanın en önemli filozoflarındandır. Onun okulu, Atina'nın en eski okullarından olan akademinin ve Gymnasion'un yakınındaki Lykaion'un girişindeydi. Fizik, etik, şiir, politika ve mantık alanlarındaki yazıları bugün bile düşünce hayatına etki etmektedir.

Miletli Thales (M.Ö. 624-546) matematikçi, astronom ve filozoftur. Biz onu özellikle 'Thales'in cümlesi' ile tanıyoruz: bir üçgenin hipotenüsü, üçgenin çevrel çemberinin çapı ise, o üçgen bir dik üçgendir.

Naxoslu Leonidas (M.Ö. 350 civarında) büyük konuk evi olan Leonidaion'u planlayıp yaptırdı. Hakkında çok şey bilinmiyor, ama çok zengin olduğu tahmin ediliyor. Oyunlar esnasında Olimpiya bir ticaret merkezi haline gelirdi çünkü tüm Yunanistan'dan gelen tüccarlar bir araya gelip konuşabiliyorlardı. Onlar da herhalde Leonidaion'da konaklıyorlardı.

Atinalı Phidias (M.Ö. 500-432) bir heykeltıraştır. En bilinen eserleri Atina'daki Parthenon Tapınağı'nda bulunan Tanrıça Helene'nin heykeli ile Olimpiya'daki dünya harikası Zeus heykelidir. İki heykelin boyu da 12 metredir. İkisinin de gövdesi demir, ahşap ve alçıdan yapılmış, üzerleri de altın ve fildişi plakalar ile sedir ağacıyla kaplanmıştır. 420 yılında Doğu Roma İmparatoru II.Theodosius (401-450) Zeus'un heykelini Bizans'a getirir, heykel burada 475 yılında yanar. İmparator 426 yılında Olimpiyat oyunlarını ve Zeus'a tapınmayı yasaklar.

Mendeli Paionios (M.Ö. 450 civarında) özellikle Zeus Tapınağı önündeki sekiz metre yüksekliğindeki sütunun üzerinde duran Nike heykeli ile ünlüdür. Sonraki heykeltıraşlar bu eseri örnek almışlardır. Eserin zarar görmüş orijinali bugün Olimpiya'daki müzede görülebilir.

Thasoslu Hegemon (M.Ö. 450 civarında) çok sevilen bir komedi ve parodi yazarıdır. Çok iyi yemek ve özellikle de çok lezzetli bezelye püresi yaptığı anlatılır.

Gelalı Archestratos (M.Ö. 400-330 civarında) yazardı ve Trinakria'daki (Sicilya) Gela'dan çıkıp tüm Yunanistan'ı gezmişti. İlk kez yemek konusunda dörtlüklerle Yunan mutfağı üzerine bir kitap yazmıştı ("Lükste yaşam"). Bu kitap bugün bile okunmaktadır.

Thebenli Pindaros (M.Ö. 522-445) asil bir ailenin oğlu ve yazardır. Şiir ve marşlardan oluşan on yedi kitap yazmıştır. Ancak müzikleri yapılan bu eserler kaybolmuştur. Bu kitapların dördü, Olimpiyat oyunlarının kahramanlarına adanmış ve şampiyonluklarını övmektedir.

Olimpiya hakkında şöyle yazmıştır:
"Olimpiya'dan daha muhteşem
bir mücadele oyunu üzerine şarkı söylenemez."

YUNANCA ALFABE

Büyük Harf	Küçük Harf	Adı	Ses
A	α	alpha	a
B	β	beta	b
Γ	γ	gamma	g
Δ	δ	delta	d
E	ε	epsilon	e
Z	ζ	zeta	z
H	η	eta	ä
Θ	ϑ	theta	th
I	ι	iota	i
K	κ	kappa	k
Λ	λ	lambda	l
M	μ	my	m

Büyük Harf	Küçük Harf	Adı	Ses
N	ν	ny	n
Ξ	ξ	xi	x
O	ο	omikron	o
Π	π	pi	p
P	ϱ	rho	r
Σ	σ	sigma	s
T	τ	tau	t
Y	υ	ypsilon	ü
Φ	φ	phi	f
X	χ	chi	ç
Ψ	ψ	psi	ps
Ω	ω	omega	o

Christa Holtei, 1953 yılında Almanya'nın Düsseldorf kentinde doğdu. İngiliz ve Fransız dili ve edebiyatı, felsefe ve pedagoji öğrenimini gördü. Düsseldorf Heinrich-Heine Üniversitesi'nde çalışmakta olup, 1994 yılından bu yana farklı yayınevleri için de çevirmenlik ve yazarlık yapmaktadır. Yazar ve kitapları hakkında www.phil-fak.uni-duesseldorf.de/~holtei/ linkini ziyaret edebilirsiniz.

Volker Fredrich, Inn nehri kıyısındaki Mühldorf'ta 1966 yılında doğdu. Hamburg Meslek Yüksekokulunda grafik tasarım öğrenimi aldı. 1996 yılından buyana farklı çocuk ve okul kitapları yayınevleri için serbest grafik tasarımcısı olarak çalışmaktadır. Dtv-gençlik yayınevinden birçok tarihi bulmacalı polisiye romanı için çizimler yaptı. Volker Fredrich ailesi ile birlikte Hamburg'da yaşamaktadır.